아버지,
롱 굿바이

父よ、ロング・グッドバイ

알츠하이머 치매 아버지를 돌보며 쓴
십 년의 간병 일기

모리타 류지 지음 ○ 김영주 옮김

생각의힘

한국의 독자들에게

　한국의 독자 여러분 반갑습니다. 소설가 모리타 류지입니다.

　이 책 『아버지, 롱 굿바이』는 어머니가 세상을 떠난 뒤 삶의 의욕을 잃고 치매에 걸린 아버지를 약 십 년 동안 돌봤던 일상의 기록입니다.

　아버지는 여든한 살에 치매 초기 증상이 나타나기 시작해, 아흔한 살에 노쇠로 돌아가셨습니다. 저에게 그 십 년은 한창 일해야 하는 마흔아홉 살부터 쉰아홉 살까지의 시기였습니다. 많은 어려움과 갈등을 겪었지만 되돌아보면 아버지와 아들의 관계에서 그때만큼 농밀한 시간도 없었던 것 같습니다.

고령화는 선진국을 중심으로 전 세계에서 진행되고 있습니다. 65세 이상의 고령자가 총인구의 14퍼센트 이상이면 '고령 사회', 20퍼센트 이상이면 '초고령 사회'로 정의됩니다. 2017년 시점에서 일본은 65세 이상의 고령자가 인구의 28퍼센트에 이르는 초고령 사회입니다. 65세 이상의 고령자 중 치매 인구는 추계 15퍼센트이며 그 범위를 가벼운 인지 기능 장애를 가진 고령자까지 넓히면 25퍼센트가 치매나 치매 예비군으로 추정됩니다.

　한편 한국의 통계청이 발표한 「2017년 고령자 통계」에 따르면, 65세 이상의 고령자 수는 총인구의 13.8퍼센트를 차지해 한국도 본격적인 고령 사회에 임박했음을 알 수 있습니다. 2026년 무렵이면 일본과 같은 초고령 사회가 될 것이라고 하더군요. 이 같은 한국의 상황은 초고령 사회로의 진입이 빠르게 진행된 편인 일본보다도 더 빠른 속도입니다.

　그런 가운데 몇 년 전, 한국에서 발생한 간병에 얽힌 가슴 아픈 사건은 많은 사람들에게 충격을 안겨주기도 했습니다. 어느 인기 아이돌그룹 멤버의 부친이 치매를 앓던 노부모의 간병으로 심신의 한계에 이르러 부모를 살해하고

한국의 독자들에게

자신의 목숨도 끊은 일이었습니다.

이러한 비극적인 사건은 일본에서도 종종 일어납니다. 노인이 된 자식이 부모를 돌보는 '노노老老 간병'의 비극이 끊이지 않고 있습니다. 한국에서는 '부모님을 직접 돌보지 않는 것은 불효'라는 생각에 간병시설에 거부감을 느끼는 사람도 적지 않다고 들었습니다.

분명 일본에도 그런 경향이 있습니다. 저 또한 아버지를 간병시설에 맡기면서 마치 아버지를 내버리는 것 같은 죄책감에서 헤어나기가 힘들었습니다. 그러나 치매는 초기에 징후를 발견해서 적극적으로 치료하는 것이 중요합니다. 그리고 그보다도 중요한 것은 '생활 습관의 변화'입니다. 재택간병으로 생활 습관을 개선하기는 대단히 어렵습니다. 간병시설에서 생활하며 습관을 개선한다면 치매의 진행을 효과적으로 늦출 수 있습니다. 또한 환자의 가족이 간병에 지쳐서 환자나 자신의 목숨을 끊는 비극이 반복되어서도 안 됩니다.

한국 언론은 환자의 처우 개선이나 의료비부담 관리 등 정부 차원에서의 대책을 강화하도록 요구하고 있습니다. 그러나 다른 어떤 나라보다도 빠른 속도로 초고령 사회에 진입하는 상황에서, 고령자 본인이나 가족이, 그리고 사회가 노인 문제 해결은커녕 제대로 준비할 시간조차 갖지 못한 채로 초고령 사회를 맞이하는 상황이 된 것은 아닐까요?

2000년 4월, 일본은 사회 전체가 고령자를 보살핀다는 이념을 바탕으로 개호介護보험제도(사회보험 방식으로 운영되는 일본의 노인장기요양보험제도. 일본은 1997년 제정된 개호보험법을 바탕으로 2000년 4월 1일부터 공적 간병보험제도인 개호보험제도를 도입했다. – 옮긴이)를 도입했습니다. 그러나 이 제도는 불완전하다는 점을 부정할 수 없습니다. 비용 부담이 적은 특별양호 양로원은 빈자리가 없어서 입소까지 몇 년을 기다려야 하며, 간병노인 보건시설의 입소 기간은 원칙적으로 6개월이기 때문에 입소 기간이 다할 때마다 시설을 전전하는 고령자도 많습니다. 게다가 폐렴 등으로 일주일 이상 입원이라도 하게 될 경우에는 어렵게 입소한 간병시설을 퇴소할 수밖에 없습니다. 저 역시도 십 년 동안 각종 수속을 밟기 위해서 간병시설, 병원, 관청을 끊임없이 찾아다녔습니다.

이 책을 읽는 여러분은 부모님이나 배우자에게 간병이 필요한 시기가 되어 재택간병이나 간병시설의 이용을 고려하고 계실지도 모르겠습니다. 일본과 한국의 간병제도나 치매 치료는 다른 점도 많을 것입니다. 그러나 '어떻게 하면 간병하는 사람과 간병을 받는 사람 모두가 행복할 수 있을까?'라는 관점에서 생각하면 결국 같은 문제에 직면할 것입니다.

제 경우에는 치매 환자인 아버지뿐 아니라 조현병을 앓고 있는 동생까지 돌봐야 했습니다. 아버지와 동생은 피해 망상이 심해지면 둘 다 매우 공격적으로 변했습니다. 간병 스트레스 때문에 우울증에 걸려, 한때는 소설 집필을 포기해야 하는 상태까지 몰리기도 했습니다. 그때는 일상생활 속의 노력과 결심으로 간신히 우울증에서 벗어날 수 있었습니다. 그 개인적인 체험담 또한 간병의 의미를 생각하는 데 조금이나마 도움이 되었으면 합니다.

무엇보다 한국의 독자 여러분이 여러 제도와 정부의 지원 정책을 효과적으로 이용하고 현실적이고 지속 가능한 간병 계획을 세우는 데 이 책이 도움이 된다면 더 이상 바랄 것이 없겠습니다.

들어가며

아버지가 돌아가신 지 삼 년이 지났다. 아흔한 살로 천수를 누리셨다. 돌아가시기 전까지 약 십 년 동안 아버지를 간병했다. 여덟 살 적은 어머니가 먼저 세상을 떠난 뒤 살아갈 의욕을 전부 잃어버린 아버지는 치매 증상을 보이기 시작했다.

미국에서는 치매의 대표적 질환인 알츠하이머병을 '롱 굿바이'라고도 부른다고 한다. 나카지마 교코中島京子의 단편집『롱 굿바이ロング・グッドバイ』를 읽고 그 사실을 알게 되었을 때, 정말 맞는 말이라고 깊이 공감했다.

아버지의 치매 증상은 십 년에 걸쳐서 천천히 그리고 확실하게 진행되었다. 아버지는 조금씩 기억을 잃어가며 내게서 천천히 멀어졌다. 십 년 동안 아버지를 간병한 것은 십 년에 걸친 아버지와의 이별이기도 했다.

이 책은 아버지를 간병한 체험을 글로 적은 것이다. 또한 난치병으로 일흔한 살에 돌아가신 어머니, 마찬가지로 난치병을 앓고 있는 동생에 대한 기록이기도 하다.

우리 가족의 사정을 이렇게까지 세상에 내보여도 괜찮을까? 그런 걱정을 했던 것도 사실이다. 그러나 나는 부모님의 만년의 모습을 정확하게 기록하는 일이 아버지와 어머니가 걸어온 인생을 기억에 남기는 유일한 방법이라고 생각한다. 그리고 조만간 간병이 필요해질 부모님 또는 배우자를 위해서 재택간병이나 간병시설의 이용을 고려하고 있는 독자 여러분들에게 나의 개인적인 간병 체험이 조금이라도 도움이 되기를 바란다.

1장

어머니, 파킨슨병, 1월 22일

벌써 이십 년이나 지났지만, 지금도 그날 밤의 일을 선명하게 기억하고 있다.

저녁을 먹고 나서 텔레비전을 보며 쉬고 있는 참에 어머니에게서 전화가 왔다. 이미 아홉 시가 넘은 시간이었다.

"류짱, 괜찮으면 혹시 지금 만날 수 있을까?"

"왜요? 무슨 급한 일이라도 있어요?"

"전화로는 말하기가 좀 그래."

"네, 알았어요. 금방 갈게요."

"밖에서 만나자. 집에서는 말할 수 없으니."

어머니는 어느 패밀리 레스토랑을 알려주고 그대로 전화를 끊었다.

아내에게 어머니가 고민이 있는 것 같은 어두운 목소리였다고 말하자, 아내는 '어머니가?' 하고 의아하다는 표정을 지었다. 언제나 얼굴에 웃음이 떠나지 않는 씩씩한 사람, 우리가 알고 있는 어머니는 그런 사람이었다.

부모님과 동생은 같은 시내에 살고 있었고 나는 새해나 추석 정도에만 겨우 부모님 댁을 찾았다. 그러니 어머니의 얼굴을 보는 것은 몇 달 만이었다. 집에서는 할 수 없는 이야기가 대체 어떤 이야기인지, 전혀 짐작도 할 수 없었다.

차를 타고 달려 패밀리 레스토랑에 도착하자 어머니는 이미 자리에 앉아 기다리고 있었다.

"미안해, 이런 시간에."

움푹 꺼진 어머니의 눈을 보니 이런저런 불길한 일들이 떠올랐지만, 어머니의 이야기를 듣고 이내 안심할 수 있었다. 개호보험제도의 도입에 맞춰 사이타마 현에서 처음으로 의사협회가 '가와고에 시 방문간호 스테이션'을 설립하게 되었는데, 의사협회장이 어머니에게 초대 관리자가 되어 개설 준비를 맡아달라고 부탁했다는 이야기였다.

"멋져요, 어머니. 힘든 일이지만 보람이 있겠어요. 아버지가 반대하죠? 하지만 저는 응원할 거예요."

어머니는 오랫동안 시내에 있는 병원에서 수간호사로 근무하다 몇 개월 전에 퇴직한 상태였다. 다이쇼 시대(1912~1926)에 태어난 아버지는 여자는 집안일에 전념해야 한다는 사고방식을 고수하는 사람이어서 환갑을 넘기고도 여전히 일을 하고 있는 어머니에게 자주 싫은 소리를 했다.

"고마워. 아들이 그런 말을 해주니까 정말 큰 힘이 되는걸."

"그래요?" 나는 커피를 마시면서 쑥스럽게 웃었다. 그러나 이어지는 이야기를 듣고는 할 말을 잃었다.

"지금부터 하는 이야기는 아버지한테는 비밀이야. 내가 요즘 손발이 떨려서 전문의한테 진찰을 받았는데 파킨슨병이라는구나…. 아니야, 괜찮아. 이 병은 상당히 천천히 진행되니까 일하는 데는 지장이 없어. 하지만 네 아버지가 알게 되면 분명히 일을 그만두라고 할 테지. 그러니까 꼭 비밀을 지켜줘야 해."

남편에게는 자신의 병을 감추면서도 아들에게는 사실을 고백하는 어머니.

어머니가 어떤 심정으로 그랬는지, 그 이유를 물어볼 수 있는 기회는 영영 오지 않을 것이다. 이제 와서 생각해보면

당시의 어머니는 자신에게 남겨진 인생의 시간을 가늠해 보고 내린 비장한 결단을 입에 담았던 것 같다. 당시의 나는 파킨슨병에 대한 지식이 부족했을 뿐 아니라 어머니의 그런 각오를 제대로 받아들이지도 못했다.

"어머니도 하루 종일 집에서 아버지의 잔소리를 듣는 것보다는 밖에서 일하는 게 더 좋으시죠?"

그런 속 편한 소리나 하면서 어머니를 응원하고 있다는 착각에 빠져 있었다. 이제 곧 마흔이 되는 나이에도 한심할 정도의 어린애였다. 바꿔 말하면 사람은 부모가 건강한 동안에는 언제까지나 어린애인 것이다.

"고등소학교(메이지유신 때부터 태평양전쟁이 시작되기 전까지 운영된 일본의 초등교육기관 – 옮긴이)밖에 못 나온 나한테 이런 직책은 무리야."

사이타마현청에 제출하는 서류가 너무 복잡하다고, 준비할 시간이 부족하다고 투덜거리면서도 어머니는 그 뒤로 약 삼 년 동안 방문간호 스테이션의 개설을 위해서 헌신했다. 개호보험제도를 도입할 때는 이용자들에게 제도를 통지하면서 동시에 케어플랜을 입안하고 작성하느라 정신이 없었는데, 거기에 간병보수에 대한 국가 결정이 늦어지기까지 하는 바람에 그야말로 눈코 뜰 새 없이 바쁜 시간을 보냈다.

"왠지 자신이 없어졌어."

일부러 전화를 걸어서 아들에게 이런 푸념을 늘어놓는 어머니가 걱정되어 본가를 찾아갔다. 어머니는 눈을 반짝이며 말했다.

"류짱, 컴퓨터를 가르쳐줘."

문서 작성을 말하는 줄 알았는데 아니었다. 어머니의 말은 '회계 프로그램을 사용하기 쉽게 개선할 수 있다면 능률도 올라갈 텐데'의 뜻이었다. 어머니는 분하다는 듯한 표정을 지었다.

당시는 내가 십팔 년 동안 근무했던 회사를 그만두고 이제 막 전업 작가가 됐을 때였다. 월간지에 『밤의 끝까지夜の果てまで』라는 장편소설을 연재하고 있었지만, 그 원고료만으로는 당연히 가족을 부양할 수 없었기 때문에 이따금 들어오는 글쓰기 일을 닥치는 대로 하고 있었다.

과연 소설가로 살아갈 수 있을까? 회사를 그만둔 건 실수가 아니었을까? 그런 불안한 생각들이 자주 머릿속에 떠오르곤 했다. 마침 그런 시기였기에 나는 오히려 어머니의 열정에서 힘을 얻었다.

"소설 의뢰는 있어? 잘 지내고 있는 거야?"

어머니는 언제나 아들을 걱정했다.

"뭐 일단 지금은 그럭저럭, 겨우 버티고 있어요."

늦은 밤 패밀리 레스토랑에서 병에 대한 이야기를 들은 뒤로 삼 년 동안, 어머니에게는 별다른 변화가 보이지 않았다. 그래서 파킨슨병은 완치될 가능성이 없는 난치병이 분명한데도 도저히 심각한 일로 받아들여지지가 않았다.

그러나 방문간호 스테이션이 개설되고 약 일 년 사이에 어머니의 상태는 급속히 악화되었다. 손발의 떨림은 점점 더 심해졌고 걷는 것도 종종걸음으로만 겨우 가능했다. 그런데도 어머니는 재택간병 지원을 위해서 열정적으로 일했다. 하지만 어느 순간 자신이 간병을 받는 입장이 되어버렸다는 사실을 깨달았던 것 같다. 어머니는 마침내 퇴직하기로 결정했다.

그때까지 어머니는 가와고에 시내에 있는 신경내과 전문 병원을 다니고 있었는데, 병의 상태가 악화되자 오차노미즈에 있는 준텐도 병원順天堂医院으로 옮길 것을 권유받았다. 이 병원의 뇌신경내과가 파킨슨병으로 권위 있는 곳이라고 했다. 그렇게 한 달에 두 번, 어머니를 모시고 준텐도 병원을 오갔다. 마지막 희망으로 대학교수인 담당 의사에게 매달리는 심정이었다.

아버지는 병원에 다녀온다는 어머니에게 "나도 가야해?"라고 묻곤 했다.

"이렇게 냉정한 사람인 줄 몰랐어" 어머니의 불평에 나는 딱히 대꾸할 말도 없었다.

어머니는 한밤중이면 심하게 기침을 하고, 목이 막혀 헉헉거리며 힘들게 숨을 쉬었다.

한번은 시끄러워서 잘 수가 없다고 말하는 아버지에게 그런 식으로 말하지 말라고 크게 화를 낸 적이 있었다.

"어머니는 병 때문에 자는 동안 돌발적으로 숨을 못 쉴 때가 있어요. 굉장히 고통스러운 일이라고요."

"몰랐다, 네 엄마가 그런 상태인 줄은."

허둥지둥 당황하는 아버지를 보자니 화가 나서 몸이 다 떨렸다.

"아버지한테 벌써 몇 번씩이나 설명했잖아요!"

나는 어머니의 난치병에 진지하게 대처하려고 하지 않

는 아버지를 강하게 비난했다. 그러나 지금 와서 생각해보면 아버지는 어머니가 근본적인 치료법이 없는 난치병에 걸렸다는 사실을 인정하고 싶지 않았던 게 아닌가 하는 생각이 든다.

손발의 근육이 위축된 어머니는 일주일에 두 번, 자택을 방문하는 목욕 보조를 받게 되었다. 그러나 아버지는 목욕 보조사가 방문하면 인사는커녕 도망치듯 침실로 들어가버렸다. 이기적이고 폭군 같은 남편이었던 아버지. 그러면서도 노후의 삶 전부를 어머니에게 의지하고 있던 아버지는 한심할 정도로 마음이 약했다. 어머니가 먼저 세상을 떠나서 혼자 남겨질 거라고 상상도 못했던 그는 불안해서 견딜 수 없었을 것이다.

그 무렵, 어머니는 방문간호 스테이션의 동료였던 케어매니저(환자나 노인의 간병을 담당하는 전문가로 이용자에게 제공하는 서비스를 총괄하고 조정한다. 일본의 케어매니저 자격 취득은 실무 경험과 국가자격시험 합격 등의 조건이 요구되며, 갱신제로 운영된다. - 옮긴이)의 권유로 시내에 있는 간병노인보건시설(병원과 자택의 중간적 성격으로 개호보험이 적용되는 공공시설이다. - 옮긴이) '희망원'에서 몇 번의 숏스테이를 했다.

"시끄러운 사람도 없고, 맛있는 밥도 먹을 수 있고, 목욕도 시켜주니까 아주 편하고 좋아"라고 어머니는 즐거운 듯이 말했다. 그러나 일주일의 숏 스테이가 끝나고 다시 찾아간 어머니의 입에서는 "내가 없으면 네 아빠는 아무것도 못하니까"라며 자신이 집을 비운 동안 아버지가 어떻게 지냈는지에 대한 질문들이 끊임없이 흘러나왔다.

그렇게 늘 밝고 쾌활한 사람도 병의 진행 속도를 늦출 수가 없었다. 병은 주치의도 놀랄 정도로 빠르게 진행되기만 했다. 언제나처럼 어머니를 모시고 준텐도 병원에 간 어느 날 입원치료를 권유받았다. 어머니가 방문간호 스테이션을 퇴직한 지 고작 네 달이 지났을 뿐이었다.

입원치료가 시작됐지만 어머니는 흔들리지 않았다. 난치병이라는 사실을 잘 알면서도 퇴원할 수 있다고 믿으며 고통스러운 재활치료에도 최선을 다했다. 그 끈기와 열의는 재활치료를 담당하는 물리치료사도 놀랄 정도였다.

어머니가 입원한 지 한 달, 담당 의사가 나를 불렀다. 의사는 어머니의 목에 구멍을 뚫어서 기관 캐뉼라cannula(체내로 약물을 주입하거나 체액을 뽑아내기 위해 꽂는 관 – 옮긴이)를 장착해야 한다고 말했다. 그러니 이 사실을 환자 본인에게 알리고 동의를 얻어달라고 했다.

함께 있던 아버지는 멍한 채로 의사의 말을 제대로 듣지 않았다. 어쩔 수 없이 어머니에게는 내가 이야기를 전했다. 그때 나는 기관 절개의 중대성을 제대로 이해하지 못했지만, 간호사였던 어머니는 생명유지장치의 의미를 정확히 알고 있었을 것이다.

"의사 선생님이 그렇게 말씀하셨구나."

어머니는 내 손을 꼭 쥐고 닭똥 같은 눈물을 흘렸다.

"그렇게 싫으면 집으로 돌아가자고. 이제 병원 따위 상관 없어!"

아버지는 갑자기 흥분하며 그렇게 소리를 쳤다가 "무슨 소릴 하는 거예요"라고 어머니에게 핀잔을 듣고 말았다.

그맘때 어머니는 이미 말하는 것을 힘들어했지만 기관에 캐뉼라까지 장착하고 나서는 전혀 말을 할 수 없게 되었다.

'매, 실, 장, 아, 찌, 먹, 고, 싶, 어.'

어머니는 글자가 적힌 두꺼운 종이를 한 글자씩 손가락

으로 짚어가며 하고 싶은 말을 전달했다. 그러나 그 손가락이 점점 더 심하게 떨려서 무슨 말을 하려고 하는지 잘 알수 없었다.

'이, 제, 그, 만, 들, 어, 가. 늦, 게, 까, 지, 있, 어, 줘, 서, 고, 마, 워.'

이 짧은 문장을 이해하는 데 오 분 정도가 필요했다.

"아니에요. 아직 삼십 분 정도 더 있어요. 뭐 필요한 건 없어요?"

어머니는 '피, 곤, 해' 세 글자를 가리키고는 간호사를 불러 침대에 누웠다. 이미 자력으로는 식사도 할 수 없는 상태였지만 최소한 악력만은 잃어버리지 않기 위해서 작은 핸드크림을 손에 꼭 쥔 채였다.

발성훈련을 할 수 있는 스피치 캐뉼라라는 기구로 바꾸면 언젠가 꼭 다시 말을 할 수 있게 된다고, 어머니는 글자판의 글자를 손가락으로 하나씩 짚어가며 말했다. 마침내 자리에 몸져눕고, 식사를 하거나 화장실에 갈 때면 휠체어로 옮겨지면서도 마지막까지 희망을 잃지 않았다.

그러나 운명은 잔인했다. 기관삽관을 실시하고 삼 주 뒤에 어머니는 숨을 거뒀다.

"차라리 내가 죽는 게 나았을 텐데."

아버지는 눈물을 글썽이다가 마침내 "간호사가 물을 먹여서 죽은 거야!"라고 내뱉듯이 말했다.

"아버지, 그렇지 않아요. 담당 의사가 해준 설명을 이해하셨잖아요."

아무리 이야기해도 아버지는 간호사가 물을 먹였기 때문이라고 되풀이했다. 병실에서 간호사가 먹여주는 물을 마신 어머니가 몇 분 뒤에 심정지 상태에 빠졌기 때문이었다. 2002년 1월 22일. 향년 71세였다.

"할머니가 부르신 거야."

쓰야通夜(장례식 전날 밤에 친척이나 가까운 지인들이 죽은 사람 곁에서 하룻밤을 지내는 일본의 장례 의식 - 옮긴이) 자리에서 이모는 몇 번이나 그렇게 말했다.

"이제 그렇게 힘들어하지 않아도 되니까 빨리 이쪽으로 오라고, 할머니가 부르신 거야."

할머니도 어머니처럼 파킨슨병으로 돌아가셨다. 그 사실은 나도 알고 있었다. 하지만 할머니가 돌아가신 날도 1월 22일이고 게다가 향년 71세의 나이였다는 것은 그때 처음 알게 되었다.

이 정도로 우연이 겹친다면 아무래도 그것은 '피할 수 없는 운명'이라는 생각이 들 수밖에 없다.

만약 소설이라면 간절한 바람이 담긴 계속되는 '우연'의 힘으로 어머니를 기적처럼 살려낼 수도 있을 것이다. 아니, 적어도 돌아가시기 전의 삼 주 동안은 삶의 마지막 순간을 만끽할 수 있었을 것이다. 그러나 어머니에게 일어난 '우연'은 가차 없이 잔인했다. 신이 치밀하게 짜놓은 플롯은 무너질 여지가 없었다. 어머니가 아무리 노력해도 작자의 뜻을 거스를 수는 없었다.

2장

아버지, 강제 독립

어머니의 장례식 날, 아버지는 긴장을 늦추지 않고 있었다. 그러나 사십구일재와 납골을 마치자 살아갈 의욕을 전부 잃어버린 사람처럼 하루 종일 거실 소파에 앉아 있기만 했다. 외출도 거의 하지 않아서 하반신은 빠르게 쇠약해졌다. 십 분 전에 한 이야기도 자주 잊어버렸고, 아무리 주의를 주어도 양치를 게을리해서 입 냄새가 지독했다.

그런 아버지의 모습을 보니 한심해서 참을 수가 없었다. 만약 아버지가 먼저 세상을 떠났다면, 남겨진 어머니는 슬픔에 빠지기야 했겠지만 결코 살아갈 의욕까지 잃어버리지는 않았을 것이다. 아니, 오히려 아버지의 속박에서 벗어나 제2의 인생을 즐기고 있을지도 모른다.

"미안해. 내가 죽으면 아버지도 노리코도 전부 류짱이 떠맡게 되겠구나. 그게 유일하게 마음에 걸려서…."

돌아가시기 전에 어머니는 병원 침대에 누워서 같은 말을 몇 번이고 되풀이했다.

"어머니, 그런 말씀 하지 마세요. 열심히 재활치료를 받고 퇴원할 거잖아요? 얼마 전에 휠체어를 타고 들어갈 수 있는 노천 온천을 통째로 빌려주는 료칸旅館(일본의 전통적인 숙박 시설 – 옮긴이)을 발견했어요. 퇴원하면 다 같이 가요. 좋을 것 같아요."

사실은 어머니와 그런 대화를 하면서도 앞으로 내가 짊어지게 될 무게를 과연 참고 견딜 수 있을지 걱정이 한 가득이었다.

아버지와 동생 노리코를 걱정하는 이유는 각각 따로 있었다.

아버지는 기상청에서 근무하는 국가공무원이었는데 일단 집안일은 하나도 하지 않는, 할 수 없는 사람이었다. 서예와 낚시 이외에는 취미라 부를 만한 것도 전혀 없었고, 정년퇴직을 한 뒤에는 낚시에도 흥미를 잃어 거의 집에 틀어박혀 지냈다. 당시 아직 오십대였던 어머니는 집에서 걸어서 통근할 수 있는 가까운 병원의 수간호사로, 정력적으로 일하고 있었다. 아버지는 그런 어머니에게 이제 일은 그만 두고 집안일에 전념하라며 사사건건 목소리를 높였다.

어머니가 돌아가시기 오륙 년 전의 일이었다. 새 소설이 나와서 부모님께 드리려고 본가에 갔다가 깜짝 놀랐다. 복도에는 흠뻑 젖은 이불이 널려 있고, "다 당신 잘못이라고!" 하면서 아버지가 어머니에게 호통을 치고 있었기 때문이다. 동생은 이 층의 자기 방에 틀어박혀서는 거실에 내려오지 않았다.

이유를 들어보니 기가 막혔다. 그날 어머니는 이불과 빨래를 널고 출근을 했다. 점심시간에 집에 들러 빨래를 걷을 생각이었지만 응급 환자가 실려 와서 그럴 여유가 없었다. 어느새 두 시가 훌쩍 넘고 비까지 내리기 시작해 서둘러 집으로 달려갔더니, 빨래 건조대의 빨래는 뒤집혀 있고 이불도 그대로 방치된 상태였다. 동생은 남의 일인 양 자기 방에서 나오지 않았고, 아버지는 이불이 비를 맞고 있다는 것을 알면서도 거실 소파에 앉아 한 발자국도 움직이지 않은 것이다.

아버지는 자고로 아내란 집안일을 도맡아 하는 사람이

라는 인식이 박혀 있는 모양인지, 형광등이 나가도 갈아 끼우지 않고(정말 갈아 끼우는 방법을 모르는 것일 수도 있다) 어두운 방에서 어머니가 집에 올 때까지 가만히 기다렸다. 직접 차를 우려 마시기는커녕 주전자로 물을 끓인 적도 없었다. 당연히 세탁기와 청소기의 사용법도 알지 못했다.

그러면서도 방이 어수선한 것만은 못 참는 성격이라서, 평일에 바쁜 어머니가 일주일 치 신문을 주말에 몰아서 읽으려고 하면 재빨리 끈으로 묶어 재활용 쓰레기로 내다 버리는 부지런함을 발휘했다.

그런 사람과 아침부터 밤까지 얼굴을 맞대고 지낼 생각을 하면 벌써부터 숨이 막힌다고 어머니는 종종 하소연했다. 파킨슨병을 앓기 시작한 뒤에도 어머니는 증상이 가벼운 동안은 계속 간호사로 일했다. 일에 대한 열정은 물론이거니와 아버지에게 얽매이지 않는 자기만의 시간을 확보하고 싶었을 것이다.

그런 아버지에게 강한 증오심을 가진 적도 있었다. 그러나 어머니의 영정 사진을 향해서 "적적하구려. 왜 죽어버린 거요"라며 눈물을 흘리는 아버지의 모습을 보니 과거에 품었던 증오의 감정은 사라지고 안쓰럽기까지 했다. 아버지는 어머니를 떠나보내고 나서야 자신이 여덟 살 어린 어머니에게 얼마나 많은 것을 의지하고 있었는지를 깨달은 것 같았다.

그리고 내 동생에게는 문제가 있었다. 노리코가 조현병 진단을 받은 것은 어머니가 돌아가시기 십 년도 전의 일이다. 어머니가 얼마나 고생을 했는지 모른다.

동생은 도쿄 시내의 정신병원에 한 달 정도 입원한 적이 있었다. 당시의 담당 의사에게 항정신병 약을 제대로 복용하면 일상생활을 할 수 있는 수준이라고 진단받아 퇴원한 이후로, 가와고에 시내에 있는 다른 정신병원에서 통원치료를 받게 되었다.

그러나 나는 퇴원한 동생을 보고 충격을 받았다. 동생에게는 병에 대한 자각이 없었고(자신이 조현병이라는 자각이 없기 때문에) 퇴원 뒤에는 통원치료를 거부하며 자기 방에 틀어박혔기 때문이다. 병에 대한 자각이 없는데도 어째서 퇴원을 시켰는지, 주치의의 판단을 이해할 수 없었다.

그래도 처음 세 달 동안은 어머니가 동생을 억지로라도 병원에 데리고 다녔다. 아마 상당히 힘든 일이었을 것이다.

네 달째부터는 어머니가 혼자 병원에 가서 딸의 상태를 하나하나 자세히 보고하고 약을 처방받게 되었다. 처방받은 약은 동생을 어르고 달래서 어떻게든 먹였다. 그러나 끝까지 복용을 거부하는 경우에는 물약 상태의 항정신병 약을 커피나 된장국에 넣어서 투여할 수밖에 없었다(이 같은 방법을 '불고지不告知 투여'라고 한다. 병에 대한 자각이 없는 환자가 치료를 거부할 경우, 환자의 통원치료가 가능해질 때까지의 조치로 정신과 의사가 가족에게 부작용에 대해 설명하고 시행하는 등의 일정한 조건을 충족시키면 합법적인 치료로 인정된다).

그런 상황이 벌써 십 년 이상 계속되고 있었다. 어머니의 입원과 동시에 병원에서 약을 처방받아 그것을 동생에게 먹이는 것은 아버지의 일이 되었다. 당시의 아버지는 약 반년 전에 가벼운 뇌경색을 일으킨 뒤로 한 달에 한 번씩 치료를 위해 병원에 다니고 있었기 때문에 본인의 약을 처방받는 김에 동생의 약도 받아 오기만 하면 되었다. 아버지의 일이 그렇게 많아진 건 아니었다.

동생은 매일 아침, 부엌에 내려와 사이펀으로 한가득 커피를 내린다. 그리고 아버지와 둘이서 커피를 마시고 빵을 구워 먹은 뒤 이 층의 자기 방으로 돌아간다. 그때 사이펀에는 세 잔 분량의 커피가 남아 있는데 아버지가 그 속에 몰래 물약을 넣는 것이 일과였다. 커피를 좋아하는 동생은 남은 커피를 오전 중에 전부 마셔버렸다.

"괜찮을까? 잊어버리지는 않았을까?"

어머니는 병원 침대 위에서도 언제나 그런 걱정을 하곤 했다.

"괜찮아요. 얼마 전에 확인했는데, 병원에 꼬박꼬박 다니면서 물약만은 잘 챙겨 먹이고 있어요. 그러니까 안심해요."

"어쨌든 하루라도 안 먹으면 상당히 불안정해지거든."

"매일 들르지는 못하지만 제가 아버지한테 자주 전화로 확인하고 있어요. 그러니 그렇게 걱정하지 마세요."

어머니가 돌아가시기 직전까지도 그런 대화가 이어졌다. 그리고 어머니가 돌아가신 지 이 년 정도가 지났을 때, 그 걱정은 결국 현실이 되었다.

"저기… 주제넘은 참견일 수도 있는데, 아무래도 마음에 걸려서…"

어느 날, 본가의 이웃집 노부인에게서 전화가 걸려왔다.

우리 집 전화번호를 전화번호부에서 일일이 찾아본 것 같았다.

　노부인이 망설이면서도 힘들게 전해준 이야기는 동생이 갑자기 찾아와 예금통장과 인감도장을 보여주면서 "어머니가 저를 위해 이 정도의 돈을 남겨주셨기 때문에 저는 혼자서도 살아갈 수 있습니다. 그러니 걱정하지 마세요"라고 필사적으로 설명했다는 것이었다.

　나는 쓰던 원고를 중단하고 차를 달려 본가로 향했다. 동생은 아마 약을 복용하지 않고 있는 것 같았다. 일이 바쁘다는 핑계로 최근 아버지에게 전화를 게을리한 나 자신을 탓했지만, 이제 와 후회해도 소용없는 일이었다. 대체 언제부터 약을 먹지 않은 걸까? 아버지에게 확인해보지 않으면 알 수 없는 일이지만 동생의 기이한 행동에서 섬뜩함이 느껴졌다.

　본가에 도착해 곧장 동생을 불렀다. 그러나 여느 때처럼 이 층의 자기 방에 틀어박혀서 나오지 않았다. 아버지는 거실 소파에서 느긋하게 텔레비전을 보고 있었다.

　"아버지, 중요한 이야기가 있어요."

　내가 텔레비전을 꺼버리자 아버지는 "갑자기 뭐하는 짓

이냐!"라며 화를 냈다.

"미안해요. 화내지 말고 좀 진정해보세요."

필사적으로 달래봤지만 아버지의 화는 좀처럼 가라앉지 않았다.

아버지는 원래도 쉽게 화를 내는 성격이었다. 어머니가 돌아가신 뒤 동생과 둘이 생활하게 되면서는 걸핏하면 화를 내는 일이 더 잦아졌다.

"아버지, 제 말 좀 들어보세요. 이웃집 사람이 전화를 했는데 충격적인 이야기를 들려줬어요. 그래서 서둘러 바로 달려온 거예요."

그렇게 운을 뗀 나는 노부인에게 들은 이야기를 아버지에게 들려주었다. 그러나 아버지는 의외의 반응을 보였다.

"맞아 그랬지. 너희 엄마가 노리코 명의로 꾸준히 저금을 하고 있었으니까. 그 사실을 알고 기쁜 마음에 옆집에도 말하러 갔을 거야."

"하지만 생각해봐요, 아버지. 남한테 통장을 보여주면서 굳이 예금액까지 알려줬다고요. 정기예금이 얼마, 보통예금이 얼마 있다고요. 상식적인 사람이라면 그런 행동은 하지 않아요."

"뭐라고? 너마저 노리코가 이상하다고 말하는 게냐! 가족이라는 녀석이."

아버지의 분노는 수그러들 줄 몰랐다. 조현병을 앓고 있는 딸과 단둘이서 생활하는 동안 아버지도 정신적으로 영향을 받아서 정상적인 판단을 할 수 없게 된 것은 아닐까? 나는 불안해졌다.

"미안해요. 저는 그저 노리코의 상태가 걱정될 뿐이에요."

나는 그렇게 말하고 잠시 아버지의 화가 가라앉기를 기다렸다가 이야기를 계속했다.

"약은 제대로 먹이고 있어요?"

아버지는 무슨 말인지 모르겠다는 표정을 지었다.

"매일 아침마다 물약을 커피에 넣어서 먹이고 있어요?"

혹시나 하는 마음에 한 번 더 물어봐도 아버지는 미간을 살짝 찡그릴 뿐이었다.

나는 아버지의 손을 잡고 부엌으로 데려가서 찬장의 서랍을 확인했다. 항상 그곳에 들어 있던 물약이 보이지 않았다.

"병원에 가서 노리코의 약을 받아 오지 않은 거예요?"

"약?" 아버지가 고개를 갸웃거렸다.

"아버지는 매일 아침 이 서랍에서 물약을 꺼내 커피에 넣어서 노리코에게 먹였잖아요."

마치 지금 대체 무슨 소리를 하는 거냐고 되묻고 싶은 것처럼, 아버지는 점점 더 의아하다는 표정을 지었다.

"그러니까 아버지, 이 서랍에서…" 내가 같은 설명을 계속 반복하자, 아버지가 마침내 분노를 터뜨렸다.

"난 그런 거 모른다!"

나는 황급히 병원에 전화를 걸었다. 전화를 받은 간호사는 기록을 살펴보더니 삼 주 전에 약을 처방해서 아버지께 드렸다고 말했다. 그럼 대체 그 약은 어디에 있는 걸까? 부엌과 거실과 아버지의 침실까지 닥치는 대로 찾아봤지만 어디에서도 찾을 수 없었다.

만약 찾는다고 해도 문제는 해결되지 않는다. 아버지가 약을 커피에 넣어서 딸에게 먹여야 한다는 사실을 잊어버렸기 때문이다. 도대체 어떻게 해야 하는지 막막했다. 정신이 없는 와중에도 계속 찾다보니 약봉지가 눈에 들어왔다. 뜻밖에도 그 약봉지는 불단 위에 놓여 있었다.

"아버지, 이거예요. 이걸 찾고 있었어요."

종이봉지에서 물약을 꺼내 보여주자, 아버지는 마치 스

위치가 켜진 것처럼 어깨를 흠칫 떨었다. 순식간에 전부 기억이 난 것이다.

"그러고 보니… 넣지 않고 있었어." 아버지는 작은 목소리로 그렇게 말했다.

남은 약의 양은 2주 치 정도였다. 그 말은 거꾸로 계산했을 때 최근 일주일 동안 커피에 약이 들어가지 않았다는 뜻이었다.

나는 당장 사이펀으로 커피를 내린 뒤에 "아버지, 이 안에 물약을 넣어보세요"라고 말했다. 아버지는 진지한 얼굴로 고개를 끄덕이고는 물약이 들어 있는 작은 용기의 절단부를 손으로 뚝 꺾어서 커피에 조심스레 흘려 넣었다.

이제 기억이 나시느냐고 물어보면 아버지가 또 화를 낼 것 같았다. 뭐라고 해야 좋을지 적당한 말을 찾으며 머뭇거리는 사이 아버지가 먼저 입을 열었다.

"괜찮아, 류지. 이제 잊어버리지 않을 거야."

"그럼, 내일부터 잘 부탁해요."

나는 그렇게 말하고 컵에 커피를 따라서 동생의 방으로 올라갔다. 노크를 하고 대답을 기다렸다가 문을 열었다.

동생은 몸 상태가 좋지 않은지 옷을 입은 채로 침대에 누워 있었다. 눈을 마주쳐도 표정에 아무런 변화가 없었다.

"커피 내렸는데 마실래?" 나는 아무렇지 않은 척 자연스럽게 말을 건넸다.

동생은 희미한 미소를 지으며 한쪽 팔로 침대를 짚고 상반신을 일으켰다. 컵을 받아 들고 한 모금 마시더니 맛있다고 속삭이듯 말했다.

"아버지랑은 잘 지내고 있어?"

대화의 실마리를 찾으려고 물어보자 동생은 "왜?" 하고 되물었다.

"그냥, 갑자기 건망증이 심해지신 것 같아서."

"맞아. 얼마 전에는 점심을 배불리 먹고 삼십 분도 지나지 않았는데 점심은 아직 멀었냐고 화를 내지 뭐야."

"그래서 어떻게 했어?" 내 질문에 동생은 쓴웃음을 지었다.

"전기밥솥에 있는 밥은 다 먹어버려서 식빵을 구워서 드렸어. 그랬더니 한 입 먹고는 됐다고 하더라고."

"한 입 먹으니까 사실 배가 부른 상태라는 걸 알아차리셨구나."

그렇게 대화를 나누고 있으면 노리코가 조현병을 앓고 있다는 사실은 잊어버릴 것 같았다. 대화는 그만큼 자연스러웠다. 그러나 무심코 방구석에 놓인 플라스틱 의류수납함으로 시선을 돌린 순간, 등골이 오싹해졌다.

뚜껑이 열려 있는 그 수납함은 내용물이 훤히 보였는데, 안에 있는 건 전부 남자 옷이었다. 와이셔츠와 넥타이, 카디건과 치노팬츠, 팬티와 러닝셔츠 등의 속옷까지, 포장도 뜯지 않은 남성복들이 가득 차 있었다. 왠지 봐서는 안 될 것을 봐버렸다는 정체 모를 죄책감까지 느껴졌다.

"그거, 아버지 주려고 산 거 아니지?"

조심스럽게 물어보자 동생은 그저 '후훗' 웃기만 하고 아무 대답도 하지 않았다. 커피를 다 마신 동생은 말없이 침대에 누웠다.

"그럼, 아버지 잘 부탁한다."

나는 그렇게 말하고 도망치듯 나와 방문을 닫았다.

거실로 돌아가니 아버지는 소파에서 담배를 피우고 있었다. 나도 맞은편에 앉아 담배에 불을 붙였다. 동생은 이혼 경험이 있다. 결혼하기 전에도 정신적으로 조금 불안정하긴 했지만 치료가 필요한 정도는 아니었다. 남자는 열정적으로 청혼을 해왔고 부모님은 딸이 행복한 결혼생활로 정신적 안정을 찾을 수 있을 거라는 생각에 한 가닥 희망을 걸었다. 그 희망은 불과 일 년 만에 깨져버렸지만.

동생은 시부모님과의 동거생활이 너무 힘들다고 말하곤 했다. 그러다 결국 피해망상이 심해져서 환청이 들리게 되었다. 시부모님의 손에 이끌려 정신과에서 진찰을 받았더니 조현병이라는 진단이 나왔고 곧장 입원하게 되었다. 앞에서 얘기했던 것처럼 그때는 한 달 정도 있다가 퇴원할 수 있었다. 그러나 퇴원 후에 남편 쪽에서 이혼을 통지했고, 동생은 가와고에의 본가로 돌아왔다.

사실 나는 동생이 백화점에서 남성복을 사 왔다는 이야기를 어머니에게 들은 적이 있었다.

"노리코는 방에서 거의 나오질 않으니까 당연히 사귀는 남자가 있을 리가 없는데. 앞으로 재혼할 수도 있는 누군가를 위해서 사 온 걸까? 행복한 표정으로 쇼핑백을 들고 집에 들어오는 모습을 보니까 너무 마음이 아파서…."

어머니는 그렇게 말하고 눈물을 흘렸다. 동생은 그 뒤로도 계속 남성복을 산 것 같았다. 어쩌면 어머니가 돌아가시고 나자 감시의 눈이 사라졌다는 해방감에 그 횟수가 더 늘었을지도 모른다. 노리코의 머릿속에서는 대체 무슨 일이 일어나고 있는 걸까? 그런 생각을 할 때마다 질식할 것 같은 기분이 들었다.

　잠시 후 노리코가 이 층에서 내려왔다. 외출하는 거냐고 물어보니 저녁 준비를 위해서 장을 보러 간다는 대답이 돌아왔다.

　"아버지, 오늘 저녁 반찬은 생선회로 할게요."

　노리코는 토트백을 들고 "다녀오겠습니다"라고 말한 뒤 현관을 나섰다. 그 모습이 너무나 자연스러워서 어이가 없을 정도였다.

　마감을 맞추기 위해서는 슬슬 집으로 돌아가 원고를 마무리해야 했다. 나도 소파에서 일어섰다.

　"그럼 아버지, 잊지 마시고 내일부터 다시 커피에 물약을 넣으세요."

　"걱정 마라. 잘 적어뒀으니까."

　아버지는 손가락으로 달력을 가리켰다. 모든 날짜 밑에 '약'이라고 적혀 있고, 오늘 날짜의 '약'에는 이미 동그라미가 쳐져 있었다. 내일부터는 동생에게 약을 먹이고 나서 동그라미를 칠 생각인 것 같았다. 아버지도 매일 약을 먹고 있기 때문에 동생이 수상쩍게 생각하는 일은 없을 것 같았다.

　다음 날 아침, 아버지에게 전화를 걸었다. "그래 먹었다.

그렇게 걱정할 필요 없으니까 너는 네 일이나 해라." 아버지는 귀찮다는 듯이 말했다.

왠지 이제는 괜찮을 것 같았다. 안심한 나는 한동안 연락을 하지 않다가 다음 통원 날짜에 전화를 걸어보았다. 몇 번이나 걸어도 응답이 없다가 네 번째에서야 드디어 아버지가 전화를 받았다.

"지금 막 병원에서 오는 길이다. 무슨 일이냐?"

"병원에 잘 갔다 왔는지 어떤지 걱정이 돼서요."

"다녀왔다니까."

아버지는 퉁명스럽게 내뱉고는 찰칵 전화를 끊었다.

갑자기 전화를 끊어서 잠시 화가 났으나 이내 쓸데없는 오지랖이었다는 생각에 씁쓸하게 웃으며 서재로 돌아갔다.

실은 그 무렵, 내 머리는 아버지와 동생보다도 일로 가득 차 있었다. 완결을 앞둔 연재소설은 벽에 부딪혀 악전고투 중이었고, 어느 문예지에서 처음으로 받은 원고 청탁은 두 달 뒤에 연재를 시작하는 것으로 되어 있었다. 원래는 지난달부터 시작될 예정이었지만, 원고를 의뢰한 편집자에게 사정을 설명하고 양해를 얻어 연재 시작을 세 달 뒤로 늦춘 것이었다. 편집자에게 대략적인 내용은 말해뒀지만, 플롯이나 등장인물 설정 등은 손도 대지 못한 상태였다. 세 달이나 시간을 벌었지만 준비는 전혀 진행되지 않고 있었다.

일단 지금 연재 중인 장편을 끝내지 않는 한, 새 연재를 구상할 여유 따위는 조금도 없었다. 나는 서재에 틀어박혀서 잠을 줄이고 계속 소설을 썼다.

그렇게 이 주 정도, 아버지에게 안부 전화를 하는 것도 게을리하고 있던 어느 날이었다. 웬일인지 아버지에게서 전화가 왔다. 오후 네 시가 지났을 무렵이었던 것 같다.

"류지, 배고파. 어제부터 아무것도 못 먹었어."

"네? 아버지, 무슨 소리예요?"

이유를 물어봤지만 전혀 말이 통하지 않았다. 나는 쓰던 글을 멈추고 집을 나섰다.

본가에 도착해보니, 아버지는 이불을 베개 삼아 다다미방에 드러누워 있었다.

"노리코가 밥을 안 준다." 아버지가 말했다.

걸어서 몇 분이면 도시락을 살 수 있는 편의점이 있었지만 아버지는 어제 아침부터 그저 딸이 방에서 나오기만을 기다리고 있었던 것이다.

나는 이 층으로 뛰어 올라가서 방문을 열었다. 한 달 만에 보는 동생의 얼굴은 깜짝 놀랄 정도로 여위어 있었다. 볼은 홀쭉하게 들어가고 손목은 안쓰러울 정도로 가늘어진 상태였다.

"도시락 사 오면 먹을래?" 하고 물었다.

"먹을래." 동생은 기운 없는 목소리로 대답했다.

나는 편의점으로 달려가 마쿠노우치 도시락(흰쌀밥과 반찬으로 구성된 도시락으로 반찬의 가짓수가 많은 것이 특징이다. - 옮긴이)과 인스턴트된장국을 두 개씩 샀다. 혹시나 하는 마음에 죽과 매실 장아찌, 조림 반찬을 담았고, 식빵 한 봉지와 이온 음료 여섯 개까지 사서 본가로 돌아왔다.

아버지는 마쿠노우치 도시락을 걸신들린 사람처럼 먹었다. 동생은 이온 음료를 잔뜩 마셨다. 도시락은 못 먹을 것 같아서 죽을 데워줬더니 조금씩 입에 떠 넣었다. 금세 도시락을 먹어치운 아버지는 아직 배가 덜 찬 것처럼 보였다. 나는 하나 더 먹어도 괜찮다고 말했다.

동생은 정신적으로 대단히 불안정한 상태였다. 죽을 먹으면서도 나에게 공격적인 말들을 마구 내뱉었기 때문에 나도 감정이 격해져 무심코 목소리를 높이고 말았다. 그러나 한 시간 정도 지나자 이온 음료에 넣은 물약 때문인지 완전히 평온한 말투로 돌아왔다.

이미 병원의 외래 접수가 끝난 시간이었지만, 나는 아버지와 동생이 식사를 마치고 안정되기를 기다렸다가 병원을 찾았다. 원장은 부재중이었기 때문에 수간호사에게 동생의 상태를 자세히 설명하고 당장 입원시키지 않으면 생명이 위험할 수도 있다고 최선을 다해 호소했다. 수간호사는 원장에게 알리겠다고 말했다.

다음 날 아침 아홉 시가 지났을 때, 원장이 직접 내게 전화를 걸었다. 동생의 상태를 살펴보고 싶으니 데리고 오라는 내용이었다. 나는 일을 중단하고 본가로 차를 몰았다. 그리고 아버지와 동생에게 병원에 가자고 말했다. 노리코는 얼굴을 붉히며 내가 왜 병원에 가야 하느냐고 화를 냈다. 아버지도 노리코도 이틀 동안 끼니를 거른 터라 몸이 약해져 있다고, 만약을 위해서 건강진단을 받으려고 두 사람의 예약을 해놨다고 거짓말을 했다.

걸어갈 수 있는 거리였지만 차를 끌고 병원으로 향했다. 도착하자마자 진찰을 받을 수 있도록 원장이 배려를 해준 듯, 대기실은 사람들로 북적였지만 간호사가 곧 우리를 불렀다.

진찰 결과, 역시 동생에게는 입원치료가 필요하다는 진단이 내려졌다. 그러나 이 병원에는 정신과 입원시설이 없었다. 원장은 그 자리에서 알고 지내는 정신병원에 전화를 걸어 노리코를 받아달라고 부탁했다.

그로부터 일주일 뒤, 동생은 가와고에 시내에 있는 정신병원에 입원하게 되었다. 나는 그때까지 매일 편의점에서 점심과 저녁 두 끼 분량의 도시락을 사가지고 정오에 본가를 방문했다.

"도시락을 배달시키지 그래?" 아내가 말했다. 물론 그렇게 하는 편이 내 부담도 줄어들 것이다. 하지만 나는 동생이 입원할 때까지의 일주일 동안, 혹시나 무슨 문제가 생길까 걱정이 되었다.

동생은 물약을 넣은 커피를 제대로 마셨을까? 지금쯤 두 사람은 뭘 하고 있을까? 이런저런 생각을 하다보면 결국 일이 손에 잡히지 않았다. 하루에 한 번씩 두 사람을 내 눈으로 확인하기 위해서라도 편의점 도시락을 가져다주는 편이 안정과 안도를 얻을 수 있는 방법이었다.

동생이 입원하는 날에는 병원장의 배려로 간호사의 도움을 받을 수 있었다. 차로 삼십 분 정도 걸리는 병원까지 혼자서 동생을 데리고 가는 일은 결코 쉽지 않았을 것이다. 뒷좌석에 동생과 간호사를 태우고 조수석에 아버지를 앉힌 뒤에 운전대를 잡았다. 동생이 갑자기 문을 열고 도로로 뛰어내리거나 하는 돌발 행동을 하지 못하도록 간호사가 단단히 팔짱을 낀 채로 동행해주었다.

그로부터 두 시간 뒤, 각종 검사와 수속을 마친 동생은 폐쇄 병동에 입원했다. 그리고 아버지는 혼자 살게 되었다.

3장

담뱃불도 처리하시지
못하는 부분은 정말

아버지는 여든한 살이었다. 그 나이에 혼자 지내며 슈퍼마켓에서 장을 봐다가 직접 제대로 된 밥을 해 먹는 남자가 적지는 않을 것이다. 그러나 내가 알고 있는 한, 아버지는 슈퍼마켓에 발가락도 들여놓은 적이 없는 사람이다. 전에 확인한 바로는 현금지급기를 사용한 적도 없었고, 정년퇴직을 한 뒤에는 은행에서 돈을 찾은 적도 없었다. 그저 모든 일을 어머니에게 맡기고 있었다. 어머니가 돌아가시고 나서는 정신이 불안정한 동생이 현금카드를 사용해서 자유롭게 쇼핑을 했는데, 그 점도 나를 불안하게 만드는 원인 가운데 하나였다.

그런 아버지가 과연 혼자서 살아갈 수 있을까? 그것이

가장 큰 걱정거리였지만 아버지는 자신만만하게 말했다.

"무슨 소릴, 괜찮다. 노리코도 금방 퇴원해서 돌아올 거고. 너도 참 쓸데없이 걱정이 많구나."

동생이 금방 퇴원을 한다? 전혀 근거 없는 이야기였다. 그것은 그저 아버지의 바람에 불과했다.

가장 시급한 문제는 아버지의 식사였다. 인터넷을 찾아보니 시내에 고령자들을 대상으로 배식 서비스를 하는 회사가 몇 곳 있었다. 식단을 비교해봤을 때 별 차이가 없었지만 홈페이지에 '식사 배달과 함께 안부를 확인해드립니다'라고 크게 적어놓은 회사가 있어서 그곳으로 결정했다. 당장 전화를 걸어 매일 점심과 저녁, 두 끼 식사의 배달을 신청했다.

점심은 오전 열 시 반부터 열두 시 사이에, 저녁은 오후 네 시부터 다섯 시 반 사이에 배달한다고 했다. 집에 사람이 없는 경우에는 배달 코스의 마지막에 한 번 더 방문한다. 그렇게 다시 방문했을 때에도 집에 사람이 없으면 용기를 포장해서 현관 주변의 지정된 장소에 놓아두게 되어 있었다. 사용한 용기는 다음번 배달 때 회수해 간다.

식사는 직접 전달하는 것이 원칙이기 때문에 안부를 확

인하지 못했을 때는 긴급 연락처인 내 휴대전화로 즉시 연락이 온다. 식대 지불은 사전에 식권을 구입하는 방식으로 이루어진다. 업체 직원은 도시락을 받을 때 배달원에게 식권 한 장을 건네주면 된다고 설명했다.

나는 친절한 설명에 감사를 표하고 전화를 끊었다. 그리고 당장 식사의 배달 시간을 매직으로 종이에 크게 적어서 거실의 달력 옆에 붙였다.

"아버지, 이 시간대에 도시락이 배달되니까 되도록 집에 계세요."

아버지는 종이를 슬쩍 쳐다보고 나직이 대답했다.

"항상 집에 있는걸 뭐. 어차피 외출할 곳도 없어."

"그럼 내일 오전 열 시부터 정오 사이에 점심이 배달되니까, 그때 식권을 사세요."

나는 곧이어 식권 시스템에 대해서 설명했지만 아버지는 거의 듣고 있지 않았다.

아침 식사는 일주일에 한 번, 여섯에서 여덟 조각 정도 들어 있는 식빵 한 봉지와 종이팩에 든 커피 그리고 과일 같은 것들을 사서 가져다주면 된다. 뜨거운 녹차를 마시고 싶다면 결국에는 직접 물을 끓이게 될 것이다. 내 마음 한

편에는 아버지를 밀어내려는 감정도 어느 정도 있었다.

그렇게 식사 문제를 해결하고 나서 어머니가 근무했던 방문간호 스테이션에 전화를 걸었다. 그곳에는 자택간병 지원 사업소가 병설되어 있고, 케어매니저인 모리미 씨가 어머니의 동료였기 때문이다.

모리미 씨는 노리코의 병에 관한 사정을 알고 있었다. 어머니의 장례식에서 접수를 담당해주면서도 "힘든 일이 있으면 어려워 말고 저와 상의하세요"라고 말씀해주셨다. 나는 그 호의를 받아들이기로 결심한 것이다.

노리코의 입원 사실을 알리고, 이제 혼자 살게 된 아버지에 대한 걱정을 비롯한 이쪽의 사정을 간단히 설명했다. 그러자 모리미 씨는 먼저 개호보험을 신청할 것을 권했다. 아직 식사나 배변에 대한 간병이 필요하지 않다고 하더라도 청소, 빨래, 식사 준비 등 일상생활에 대한 원조 서비스를 받을 수 있으니 시청의 개호보험과에서 신청서를 받아 일찌감치 수속을 하라고 조언해준 것이다.

"그럼 아버지, 또 올게요."

내 말에 아버지는 갑자기 불안한 듯한 표정을 지었다.

"류지, 저녁밥은 어떻게 해?"

"그러니까," 나는 짜증을 내며 말했다. "아까 말했잖아요, 저녁에 먹을 도시락은 부엌에 있으니까 전자레인지에 데워서 드시라고요. 내일 아침에 먹을 빵도 부엌에 있어요. 그리고 내일 점심부터는 도시락이 배달돼요. 아까 설명한 것처럼 도시락하고 교환할 식권을 만 엔어치 사는 거예요. 돈은 이 은행 봉투에 들어 있어요."

탁자 위의 봉투를 가리키자, 아버지는 그것을 다급히 손에 들고는 고개를 두 번 끄덕였다.

본가를 나서서 집으로 돌아가는 길에 시청에 들러 개호보험 신청서를 받고 설명을 들었다. 수속은 생각했던 것보다 간단했다. 신청서에 필요 사항을 기입하고 아버지의 보험증을 첨부해서 제출하면 끝이었다. 아버지의 주치의가 쓴 심신 상태에 관한 의견서(주치의 의견서)가 필요하지만 신청서에 의사의 이름을 적어두면 시에서 의사에게 작성을 의뢰해준다.

이 신청을 마치면 나중에 시청 직원이 집을 방문해 아버지에 대한 조사를 실시한다고 했다. 그리고 신청한 지 30일 이내에 방문조사와 주치의 의견서를 바탕으로 아버지에게 어느 정도의 간병이 필요한지를 나타내는 요要간병도를 결정해 우편으로 통지한다. 요간병도는 요지원 1~2부터 요간병 1~5까지의 총 7단계와 비해당으로 나뉜다. 만약 아버지가 간병이 필요 없는 상태, 즉 '비해당'으로 판정받는다면 개호보험은 이용할 수 없다.

다음 날, 나는 바로 필요 사항을 기입한 신청서를 시청에 제출했다. 그러자 얼마 지나지 않아 시청 직원이 전화를 걸어서 본가를 방문할 날짜를 정하고 싶다고 말했다. 일정을 조정한 결과, 조사일은 일주일 뒤의 오후 한 시로 정해졌다. 나는 만약을 위해서 모리미 씨에게 전화를 걸어 이 사실을 알렸다.

"연락해줘서 고마워요. 모리타 씨, 그럼 저에게 케어매니저를 맡겨주시는 거죠? 방문조사 당일에는 저도 참관하겠습니다."

"그렇게 해주시겠어요? 그럼 앞으로도 잘 부탁드립니다."

모리미 씨에게 케어매니저가 되어달라고 정식으로 의뢰하는 것이 제대로 된 순서였다는 것을 그제야 알아차렸다.

간병에 관련된 일을 했던 어머니 덕분에 어머니의 동료였던 분이 직접 나서서 케어매니저를 맡아주셨다. 이 점에 있어서 운이 좋았다고 할 수 있지만, 그런 지인이 없는 사람이라도 케어매니저를 찾는 일이 그리 어렵지만은 않다.

해당 행정구역의 개호보험과 또는 지역통합 지원센터에 가면 케어매니저 리스트를 받을 수 있다. 대부분의 케어매니저는 자택간병 지원 사업소, 간병 서비스 제공 사업자, 심신에 장애가 있는 고령자를 위한 특별양호 양로원, 간병 노인보건시설, 간병요양형 의료시설 등에 소속되어 있다. 우선은 가장 가까운 자택간병 지원 사업소 등에 연락해 자신의 사정을 설명하면 케어매니저의 소개를 포함해 적극적으로 대처해줄 것이다.

방문조사 당일에는 나도 본가에서 조사를 지켜보며 시청의 담당 직원에게 아버지의 평소 모습을 알려주었다. 나는 만약 내가 그 자리에 없었다면 조사가 제대로 이루어졌을지 의문스러웠다. 왜냐하면 시청 직원이 어떤 질문을 해도 아버지는 그저 똑같은 대답만 되풀이했기 때문이다.

"네, 네. 저는 뭐든지 혼자서 할 수 있으니까 괜찮습니다. 걱정하실 필요 없습니다."

모리미 씨가 그런 아버지의 말을 자르며 "아드님이 보실

때 아버님의 상태는 어떻습니까?"라고 물어왔다.

어머니가 돌아가신 뒤로는 외출도 거의 하지 않고 하루 종일 소파에 앉아 있기만 해서 하반신이 완전히 약해졌다고 아버지의 상태를 설명했다. 얼마 전 산책을 가자고 아버지를 억지로 밖으로 데리고 나갔다가 백 미터도 못 가 다리가 아프다고 해서 어쩔 수 없이 돌아온 적이 있었다. 걸으면서도 자주 휘청거려서 지팡이를 샀지만 거의 밖에 나가지 않았기 때문에 사용할 기회는 별로 없었다.

아버지는 마치 아들이 남에게 자신의 치부를 일러바치는 것처럼 느꼈을 것이다. 그 때문인지 시종일관 언짢은 표정을 짓고 있었다. 하지만 사실을 전하지 않으면 정확한 요간병도 평가를 받을 수 없다.

식사는 배식 서비스를 이용하고 있고, 그 외에 특별한 문제는 없는 것 같다고 계속해서 설명했다. 배변도 지금은 문제가 없는 것 같았다. 그러나 건망증에 관해서는 마음에 걸리는 점이 많았다. 아버지는 혼자서 목욕을 할 수는 있었지만, 내복을 입고 그 위에 팬티를 입으려다가 순서가 틀렸다는 것을 알아차리고 옷을 다시 입곤 했다. 또한 예금통장이나 보험증처럼 중요한 물건의 보관 장소는 정해져 있기 마련인데, 때때로 아버지 본인이 그 장소를 바꿔버리고는 어디인지를 잊어버리는 경우도 있었다. 그래서 얼마 전에는 둘이서 집 안을 꽤 오래 뒤져야만 했다. 중요한 물건이기 때문에 찾기 힘든 곳에 숨겨두는 것이겠지만 만약 정말로 잊어버린다면 큰일이다⋯. 시청 직원은 이런 이야기를 들으면서 고개를 끄덕이고 메모를 했다.

그로부터 약 삼 주가 지나고 판정 결과가 도착했다. 아버지는 '요간병 1'이었다. 얼마 뒤, 모리미 씨는 그 판정 결과를 바탕으로 케어플랜을 작성해서 가지고 왔다.

홈헬퍼(방문 간병사)가 일주일에 두 번 정도 방문해서 청소, 빨래, 식사 준비 등을 도와준다. 또는 간병노인보건시설에서 운영하는 데이 서비스를 당일 방문으로 이용하면서 목욕이나 식사의 도움을 받는다. 이러한 몇 가지 플랜에 대한 설명을 들었지만 아버지는 그것들을 전부 거부했다. 청소와 빨래 같은 일들은 혼자서도 할 수 있으며 왜 그런 시설에 다녀야 하는지 이해할 수 없다는 게 이유였다.

아버지의 그런 반응은 이미 예상한 것이었다. 모리미 씨도 "언젠가 필요해질 수도 있을 거예요. 케어플랜은 그때 참고해주세요"라고 웃으며 말했다. 그날은 도시락 배식 서

비스의 요금을 주 4회까지 보조해주는 제도만 이용하기로
했다.

　아버지가 홈헬퍼의 방문을 거부했기 때문에 나는 일주일
에 두 번 정도 본가에 가서 청소와 빨래 등의 집안일을 해야
만 했다. 주말에는 아내와 둘이서 본가에 갔다. 아내는 풀
타임으로 근무하고 있어서 평일에는 시간을 낼 수 없었다.
　아내를 가장 놀라게 만든 것은 제멋대로 자란 아버지의
수염과 도저히 청결하다고 할 수 없는 옷차림이었다.
　"아버님은 댄디하다는 말이 정말 잘 어울리셔." 아버지
는 아내도 감탄할 정도의 멋쟁이었다. 그러나 노리코가 입
원하고 혼자 완전히 집에만 틀어박혀 지내게 된 뒤로는 낮
에도 밤에도 똑같은 추리닝을 입고 생활했다. 추리닝 여기
저기에 묻은 음식 얼룩도 전혀 신경 쓰지 않았으며 심지어
목욕을 하고도 속옷을 갈아입지 않았다.
　"아버지, 속옷 빨아야 하니까 이걸로 갈아입어요."
　깨끗한 팬티와 러닝셔츠를 앞에 가져다줘도 아버지는
"괜찮다. 갈아입은 지 얼마 안 됐어"라며 거부했다.
　"수요일에 갈아입었잖아요. 오늘이 일요일이에요, 아버

지. 벌써 닷새째 같은 속옷을 입고 있어요."

"귀찮아. 나중에 갈아입을 테니까 거기 놔둬."

"아버지, 지금 빨래를 한다니까요. 빨리 갈아입어요!"

나도 모르게 언성을 높이면 아버지는 그제야 마지못해 새 속옷으로 갈아입었다. 그리고 나면 "류지. 기분이 좋구나"라고 말했지만 그 말을 듣기까지의 과정은 매번 쉽지 않았다.

그런데 겨우 벗게 만든 팬티에는 대변이 잔뜩 말라붙어 있었다. 도저히 그것을 세탁할 기운이 남아 있지 않아서 비닐봉지에 넣어 소각용 쓰레기를 담는 통에 버렸다.

그렇게 내 시간은 아버지를 돌보는 데 바쳐졌고, 한편으로 동생은 병원의 공중전화를 이용해 쉴 새 없이 전화를 걸어왔다.

"나는 왜 여기 있는 거야? 언제 나갈 수 있어?"

"노리코, 조만간 퇴원할 수 있을 거야. 지금은 인생의 휴식기라고 생각하고 푹 쉬는 게 좋을 것 같다."

"하지만 숨이 막힐 것 같다고. 가끔은 맛있는 케이크도 먹고 싶어."

"네가 쓸 용돈으로 얼마 전에 간호사한테 만 엔을 맡겨

됐어. 부탁하면 사다주지? 그런 시스템이라고 병원 접수처에서 설명하던데."

"하지만 사다달라고 부탁할 수 있는 건 치약이나 비누 같은 것들뿐이야. 인스턴트커피나 과자도 부탁할 수 있긴 하지만, 기껏해야 포키(일본에서 1966년부터 판매되고 있는 막대형 과자 – 옮긴이)나 센베이(쌀가루나 밀가루를 설탕, 소금 등으로 반죽해 굽거나 튀겨서 만드는 일본의 전통 과자 – 옮긴이) 정도야. 쇼트케이크는 부탁할 수 없다고."

"저기 노리코. 내가 지금 일 때문에 너무 바빠. 어젯밤도 잠을 거의 못 잤어. 제발 좀 봐주라."

"같은 방 사람은 가족들이 병문안을 자주 와. 부러워서 눈물이 난다고."

그런 전화가 거의 매일같이 걸려왔다. 일이 손에 안 잡히고 짜증이 나서 자동응답기를 켜둔 적도 있었다. 하지만 응답기에 녹음된 동생의 절절한 하소연을 듣다보면, 아무 잘못도 없는 노리코에게 어째서 이런 일이 생겼는지 안타깝기만 했다. 나는 일이 일단락된 뒤 아버지를 차에 태우고 함께 병원을 찾았다.

간호사가 구멍에 열쇠를 꽂아 넣어 철로 만들어진 문을

열었다. 폐쇄 병동에 발을 내딛자 등 뒤의 문이 큰 소리를
내며 닫혔다. 어둠침침한 통로를 걸어가는 동안 어디선가
환자들이 속닥거리며 이야기하는 소리가 들려오기도 했
고, 갑자기 여자의 날카로운 비명이 울려 퍼지기도 했다.
환자 몇 명은 경보 선수처럼 십 미터 정도의 복도를 끊임
없이 왕복하고 있었다. 묘하게 어수선했다.

식당의 한편에서 오랜만에 노리코를 마주했다. 우리 셋
은 가지고 간 쇼트케이크를 먹었다.

"맛있어, 맛있어." 노리코는 감격에 겨워 케이크를 먹었
다. 그러나 다 먹고 나서는 어색한 대화가 이어졌다. 전화
로는 잘 떠들던 동생이 병원에서는 말수가 적었다.

"꼭 교도소 같구나. 불쌍한 노리코, 금방 나갈 수 있을 거
야."

아버지가 그렇게 말하자 동생은 키득거리며 머리를 좌
우로 흔들었다. 마치 그런 거짓말을 해도 속지 않는다고 말
하는 것 같았다.

그런 하루하루를 보내며 악전고투하던 나는 간신히 연
재소설의 마지막 회를 맞이할 수 있었다. 그러나 의뢰받은
새 연재는 여전히 손도 대지 못한 상태였다.

결국 나는 편집자에게 전화를 걸어 연재를 포기하겠다고 말했다. 깜짝 놀란 편집자는 가와고에까지 달려왔다. 아버지와 동생 때문에 정신없이 바빠서 새 소설을 구상할 여유가 전혀 없다고 눈물을 흘리며 사정을 설명했다. 그러자 편집자는 "알겠습니다. 그런 상황이라면 어쩔 수 없네요"라고 말하고는 "모리타 씨, 그래도 건강 잘 챙기셔야 해요"라며 나를 격려해주었다.

며칠 뒤에 우편으로 배달된 그 잡지의 최신 호에는 '본지 첫 등장! 모리타 류지의 새 연재소설 시작!'이라는 다음 호 예고가 적혀 있었다. 가와고에역 앞 카페에서 마주한 편집자의 어두운 표정을 떠올리면 지금도 그저 죄송스러운 마음뿐이다.

노리코는 입원하고 반년이 지나서도 퇴원의 기미가 보이지 않았다. 아버지는 아침부터 밤까지 소파에 앉아서 텔레비전을 보거나 텔레비전을 켜놓은 채로 꾸벅꾸벅 졸았다. 그러던 어느 날, 본가를 방문한 나는 정원 앞에 버려져 있는 물건을 보고 할 말을 잃었다.

그것은 아버지가 소중히 여기던 천연석 벼루였다. 아버

지는 기상청에 근무하던 시절부터 오십 년 가까이 서예를 즐겨왔지만, 어머니가 돌아가신 뒤로는 단 한 번도 먹을 갈 거나 붓을 쥐지 않았다. 그러나 아무리 그렇다고 해도 왜 비싼 벼루를 일부러 정원에 내다 버렸을까?

그 이유를 묻는 것은 무의미한 일이었다. 아마 아버지는 대답할 수 없었을 것이다. 나는 벼루를 주워서 달라붙은 흙을 물로 씻어내고 마른 수건으로 정성스럽게 닦은 뒤에 아버지의 침실에 들어갔다. 앉은뱅이책상의 한편은 서예를 위한 공간이었다. 나는 조용히 책상 위에 벼루를 올려놓았다.

또 다른 어느 날, 병원에서 한 통의 전화가 걸려왔다.

"모리타 씨 되시나요? 아버님께서 우체국에서 쓰러지셔서 저희 병원 응급실로 실려 오셨습니다."

"상태가 어떻죠?"

당황하며 물어봤지만 침착한 목소리의 대답이 돌아왔다.

"곧 처치가 끝날 것 같습니다. 이 전화번호도 아버님께서 알려주셨어요. 의식은 확실히 있으십니다. 보험증을 가지고 와주시면 좋겠는데요."

"고맙습니다. 지금 바로 가겠습니다."

나는 일단 본가에 들러 아버지의 보험증을 찾았다. 보관 장소가 또 바뀌어 있었지만 불단의 향꽂이 옆이어서 금방 찾을 수 있었다.

병원에 도착해서 정문의 자동문을 지나 로비를 둘러보았다. 아버지는 긴 의자에 앉아서 힘없이 어깨를 떨구고 리놀륨으로 된 바닥을 멍하니 내려다보고 있었다. 볼에는 큰 반창고가 붙어 있었고 머리에는 보호용 그물망을 두른 채였다.

"어떻게 된 거예요, 아버지?"

내 목소리를 들은 아버지가 고개를 들었다. 눈의 초점을 맞추고 입을 열 때까지 삼 초 정도가 걸렸다.

"늦었잖아. 오래 기다렸어."

나는 화가 치밀었지만 부어오른 아버지의 볼을 보고 물었다. "우체국에서 쓰러졌다던데, 대체 어떻게 된 일이에요?"

"그게… 연회비를 내려고 절에 갔었어. 주지 스님이 전화까지 걸어서 아직 입금을 안 했다는 둥 시끄럽게 떠들어대서 말이야. 우체국에는 그 왜… 입구 쪽에 돌계단이 있잖아. 거기에 걸려서 넘어져버렸어. 얼굴 전체가 피투성이가 돼서 우체국 직원이 구급차를 불러줬다."

거기까지 말한 아버지는 마치 울음을 터뜨리기 직전의 아이처럼 얼굴을 찌푸렸다. 아버지는 항상 입는 추리닝 위에 점퍼를 걸치고 있었다. 추워서가 아니라, 음식을 흘린 얼룩이 있는 추리닝 차림으로 외출하기가 창피했던 것 같았다. 아버지가 아직 겉모습에 신경을 쓰고 있다는 사실에 왠지 모를 안도감이 들었다.

잠시 후, 담당 의사의 설명을 들을 수 있었다. 머리를 세 바늘, 볼을 두 바늘 꿰맸다고 했다.

"CT 스캔 검사 결과 뇌의 이상은 발견되지 않았지만, 혹시 토할 것 같은 느낌이 들면 곧바로 연락하세요. 실밥은 일주일 뒤에 뽑을 예정입니다."

"정말 고맙습니다."

인사를 하고 진찰실을 나왔다. 접수처에서 진료비를 지불하고 돌아섰을 때, 긴 의자에 앉아 있어야 할 아버지의 모습이 보이지 않았다. 당황해서 로비 전체를 둘러보았다. 통로 안쪽으로 눈을 돌리자 아버지가 지팡이를 짚으면서 불안한 걸음으로 화장실에 들어가고 있었다. 나는 그날 벌써 몇 번째인지 모를 한숨을 내쉬었다.

"귀찮게 했네, 오늘은."

차 안에서 아버지가 처음으로 사과를 했다. 내가 화난 사람처럼 계속 입을 다물고 있었기 때문이었을 것이다.

"얼마 전에도 신세를 져놓고 미안하게 됐다. 정말 한심하지. 네 엄마가 살아 있었다면 너한테 이렇게 폐를 끼치는 일도 없었을 텐데."

아버지는 눈치를 보는 것처럼 불안한 눈으로 나를 보고 있었다.

"괜찮아요, 아버지. 신경 쓰지 마세요."

나는 아버지의 무릎을 가볍게 토닥였다.

"정말 미안하구나."

아버지는 같은 말을 반복하면서 코를 훌쩍였다. 고집스럽고 급한, 마치 폭군 같았던 시절의 흔적은 이제 조금도 남아 있지 않았다. 이런 아버지의 모습을 보면 어머니는 너무 놀라서 털썩 주저앉을지도 모른다. 나는 핸들을 움켜쥐고 그리운 어머니의 얼굴을 떠올렸다.

본가에 도착하자 현관 앞에 배식 서비스 업체의 도시락이 놓여 있었다. 집에 사람이 없었던 탓에 밀봉된 용기에 들어 있었다. 시간은 이제 막 오후 여섯 시를 지나고 있었다. 직원은 두 번째 배달을 위해서 방금 전에 다녀갔을 것이다. 나는 도시락을 들고 열쇠로 문을 열어 집 안으로 들어갔다.

현관에서 마루로 올라가는 곳에는 발판이 마련되어 있고, 벽에는 튼튼한 안전손잡이도 붙어 있다. 아버지는 안전손잡이를 따라서 거실로 들어갔다. 안전손잡이는 어머니가 직접 전문 업체에 의뢰해 설치한 것이었다. 욕실도 배리어 프리barrier free(고령자나 장애인들도 살기 좋은 사회를 만들기 위한 물리적, 제도적 장벽의 제거를 의미한다. 일반적으로 주택에서는 문턱이 없는 것을 뜻한다. - 옮긴이)로 개조했다. 당시의 아버지는 그런 공사는 돈이 아무리 많아도 부족하다며 못마땅하게 여겼지만, 지금은 그런 트집을 잡았다는 사실조차 잊어버리고 그 덕을 톡톡히 보고 있다.

"류지, 도시락 좀 먹어줄래? 나는 이제 잘 거라서."

재떨이에 담배를 비벼 끈 아버지는 영차, 하고 몸을 일으켰다.

이제 막 해가 졌을 뿐인데… 아버지는 언제나 이런 시간에 잠자리에 드는 것일까?

"속이 메슥거리지는 않아요?" 걱정이 돼서 물어보자 아버지는 "어, 괜찮아"라고 대답했다.

"아버지, 저녁은 집에 가서 먹을게요. 도시락은 내일 아침에라도 드세요. 분명히 배가 고파서 일찍 눈이 떠질 거예요. 냉장고에 넣어둘 테니까 전자레인지에 데워서 드세요."

점퍼를 벗은 아버지는 매일 입는 추리닝 차림 그대로, 항상 깔아둔 채 개지 않는 이불 속으로 들어갔다. 내 말은 하나도 듣지 않고 있었다. 나는 도시락을 냉장고에 넣은 뒤에 '전자레인지에 데워서 드세요'라고 적은 메모를 거실 탁자에 두고 조용히 나왔다.

아버지가 넘어져 병원에 갔던 날로부터 일주일 뒤, 상처의 실밥을 뽑았다. 그날 반년 만에 다시 아버지를 방문한 모리미 씨는 아버지의 변화에 상당히 놀란 듯했다.

"다섯 바늘이나 꿰맬 정도로 다치시다니, 많이 힘들지 않으셨어요?"

"네, 네, 덕분에 아들이 이것저것 챙겨주고 있으니까 걱정하실 필요 없습니다."

마치 훈제라도 한 것처럼 검게 변한 얼굴의 아버지는 모리미 씨가 어떤 말을 건네도 제멋대로 자란 수염을 쓰다듬으면서 같은 대답만 반복했다.

"일주일에 한두 번, 함께 산책을 하는 일도 가능하답니다. 어때요? 이렇게 하루 종일 앉아만 계시면 허리도 아프잖아요."

"네, 네, 걱정하실 필요 없습니다."

아버지는 비틀거리며 일어나서 화장실로 향했다.

"아버님 정말 댄디하셨던 분인데… 깜짝 놀랐어요. 음식을 잘 흘리세요?"

미간을 모은 모리미 씨는 아내와 똑같이 '댄디'라는 단어를 입에 담았다.

"네, 아버지의 추리닝… 얼룩투성이죠? 하지만 그게 이틀 전에 빨아서 갈아입힌 옷이에요. 전에 시청 직원이 조사하러 왔을 때는 새 옷으로 갈아입혔지만, 오늘 모리미 씨에게는 있는 그대로의 모습을 보여드리는 편이 좋을 것 같아서 일부러 갈아입히지 않았어요."

"그렇군요." 모리미 씨는 고개를 끄덕였다. 화장실에서 돌아온 아버지는 소파에 앉아서 담배에 불을 붙였다. 연기와 함께 '하아, 하아' 가쁜 숨을 내쉬었다.

"숨 쉬기가 힘드세요?" 모리미 씨가 물었다.

"아니, 이렇게 하면 편하거든요."

아버지는 빙긋 웃고 계속 '하아, 하아' 하면서 반복했다.

"건강을 생각하면 담배는 끊는 편이…"

모리미 씨가 조심스럽게 말했지만 아버지는 못 들은 척하고 계속 담배를 피웠다.

"건망증은 어떠세요?"

"네, 네, 덕분에 아들이 이것저것…"

"잠깐만요, 아버지." 나는 손을 살짝 들어 아버지의 말을 끊었다.

"실은 얼마 전에 이런 일이 있었습니다. 아버지는 상당히 오랫동안 뇌경색 약을 먹고 있는데요, 갑자기 약을 어떻게 먹는지 모르겠다고 해서 병원에 문의를 했습니다. 그랬더니 아버지가 이미 약 먹는 방법에 대해서 몇 번이나 물어보러 오셨다고 하더라고요. 설명해주면 알았다고 대답하는데 금방 돌아와서 다시 같은 질문을 한다고요. 하루에 세 번이나 그런 일을 반복했다고 말했습니다."

"약의 종류가 바뀌었나요?"

"저도 그런 생각이 들어서 물어봤는데, 예전부터 먹고 있는 같은 약이었어요. 두 종류의 알약을 식후에 먹기만 하면

됩니다."

그렇게 말하고 나는 약봉지를 내밀었다. 모리미 씨는 봉지를 슬쩍 쳐다보고 수첩에 메모를 했다.

"실금을 하는 일은 없으세요?"

"다행히 아직 그런 일은 없습니다."

"낮에는 무슨 일을 하면서 지내시나요?"

모리미 씨가 질문을 던져도 아버지는 그저 멍하게 담배만 피울 뿐 아무 대답도 하지 않았다.

"전에는 텔레비전을 봤던 것 같은데…" 내가 대신 입을 열었다. "지금은 그럴 기운도 없으신 것 같아요. 슈퍼마켓에 장을 보러 가거나 할 때 같이 가자고 권해보지만 귀찮아하면서 밖에 나가려고 하지 않아요."

"그래요? 큰일이네요."

모리미 씨는 동정 어린 눈으로 나를 쳐다보았다. 어머니가 입원하기 전 재택간병을 지원받고 있을 때, 모리미 씨는 몇 번이나 직접 찾아와주었다. 하지만 아버지는 간병에 관심이 없는 것은 물론이고 모르는 사람을 집에 들이기도 싫어해서 목욕 보조 담당자의 방문에도 난색을 표했다.

딩동, 초인종이 울렸다. 도시락이라고 중얼거린 아버지

가 자리에서 일어섰다.

도시락을 받아서 다 먹은 다음에는 그릇을 씻어서 현관의 신발장 위에 올려둔다. 그것이 아버지가 하는 유일한 일이었다.

"어머나!" 모리미 씨가 소리를 질렀다.

소파에서 희미하게 연기가 피어오르고 있었다. 나는 급하게 담배를 집어 들었다.

"아버지! 위험하잖아요! 불이 난다고요."

도시락이 놓인 쟁반을 들고 거실로 돌아온 아버지에게 나는 화를 내며 말했다.

"그렇게 무서운 얼굴로 말하지 않아도 되잖아."

불만스러운 듯이 입을 내민 아버지는 쟁반을 들고 천천히 부엌으로 향했다.

"그냥 여기 둬도 되잖아요. 지금 먹을 거 아니니까."

짜증이 나서 한마디 하자 아버지는 고개를 돌려 이쪽을 봤다. 그 순간 몸의 균형을 잃어버렸는지 넘어지는 건 간신히 면했지만 들고 있던 쟁반을 떨어뜨렸다. 도시락의 내용물이 마루 위로 쏟아져 내렸다.

"아버지, 됐으니까 앉아 있어요."

신문지와 걸레로 마루를 치우기 시작하자 모리미 씨도 거들어주었다.

　"전에 모리미 씨가 권해주셨던 당일 방문 데이 서비스는 식사와 목욕 보조 서비스가 제공되고, 아침저녁에 버스로 데려다주는 것까지 하는 거죠? 아버지는 싫어하시지만 이용하게 되면 저도 여러모로 편하고 안심할 수 있을 것 같은데…."

　모리미 씨는 뭔가 생각하는 듯 잠시 입을 다물었다.

　"류지, 배고파. 도시락 먹을래."

　아버지가 소파에서 몸을 일으키려고 했다.

　"조금 전에 엎어버렸잖아요. 나중에 편의점에서 사올 테니 좀 기다리세요!"

　나는 나도 모르게 언성을 높이고 말았다.

　"모리타 씨" 모리미 씨가 조용히 입을 열었다. "낮에 아버님 혼자 계시는 건 상당히 위험해요. 하반신이 많이 약해진 데다가 약도 제대로 챙기지 못하세요. 더군다나 담뱃불을 처리하시지 못하는 부분은 정말 그냥 지나칠 수 없어요. 희망원에 들어가는 걸 검토해보시면 어떨까요? 큰 사고가 일어난 뒤에는 늦습니다. 희망원은 어머님께서 숏 스테이로 이용한 적이 있어서 잘 알고 계시죠?"

아버지는 이야기의 흐름을 이해하지 못하는지 그저 멍하게 앉아 있었다.

"희망하면…" 나는 작은 목소리로 물었다. "당장이라도 들어갈 수 있나요?"

"당장 가능하다고는 할 수 없어요. 하지만 얼마 전에 방문했을 때, 1인실이긴 하지만 자리가 날 것 같다는 말을 들었어요. 일단 월요일에 입소 신청서를 가져올 테니 검토해 보세요."

모리미 씨는 희망원의 팸플릿을 탁자 위에 두고 소파에서 일어섰다.

나는 모리미 씨를 현관 앞까지 배웅했다.

"희망원은 간병노인보건시설이기 때문에 어디까지나 단기 입소가 원칙이에요. 동생분이 무사히 퇴원해서 아버님을 간병할 수 있다면 좋겠지만, 만약 그게 안 되면 아버님의 마지막 거처終の棲家(앞으로 죽음을 맞이할 때까지 생활할 거처 – 옮긴이)를 찾아볼 필요가 있어요."

모리미 씨가 낮은 목소리로 그렇게 덧붙였다.

"마지막 거처…요?"

"네, 가와고에 시내에는 심신에 장애가 있는 고령자를 위한 특별양호 양로원이 다섯 곳이나 있어요. 현재 대기자가 구백 명 정도 있어서 조금 기다려야 하지만요."

모리미 씨는 그렇게 말하고 나서 허리를 꼿꼿이 세우곤 멀어져갔다.

그 말은 결국 특별양호 양로원에 있는 노인 구백 명이 죽을 때까지 기다려야 한다는 뜻인가? 나는 모리미 씨의 뒷모습을 바라보며 일순간 현기증을 느꼈다.

4장

희망원에 입소, 방은 202호실, 날씨는 화창

간병노인보건시설 희망원은 본가에서 차로 삼십 분 정도 걸리는 전원지대에 위치해 있었다. 노리코가 입원 중인 병원은 그곳에서 다시 삼 킬로 정도 떨어진 곳이었다.

　벚꽃이 만개한 계절이었다. 아버지는 차창 너머로 아득한 벚나무 가로수를 물끄러미 바라보고 있다가 갑자기 내 쪽으로 고개를 돌렸다.

　"저기, 류지. 병에 걸린 것도 아닌데 어째서 입원을 해야 하는 거냐?"

　"말씀드렸잖아요. 희망원은 병원이 아니라 간병시설이에요. 어머니도 이용한 적이 있었잖아요. 지금 상태로 아버지 혼자 생활하는 건 무리예요. 자꾸 같은 말 반복하게 만들지 마세요."

나는 그렇게 말하고 조수석을 살짝 쳐다봤다. 아버지는 마치 사고 회로의 전원이 나간 사람처럼 무표정하게 '하아, 하아' 숨을 내뱉고 있었다.

노인을 내버리는 산으로 데려가는 것이 결코 아니라고, 근대적인 설비를 갖춘 간병시설에 모시러 가는 것이라고 스스로를 설득했다. 그러나 고집스럽게 입소를 거부하는 아버지를 보면서 역시 어쩔 수 없는 죄책감이 느껴졌다.

"아버지, 전혀 걸어 다니질 않으니까 하반신이 약해져서 쉽게 넘어지시잖아요. 이대로라면 조만간 정말 자리에서 일어나지도 못하는 노인이 돼버려요. 희망원에서 재활치료를 받고 간병이 필요 없을 정도로 회복되면 다시 집으로 돌아올 수 있어요. 아셨죠? 그러니까 열심히 재활치료를 받자고요."

나는 이런 말들로 아버지가 간병노인보건시설에 들어가도록 설득했지만 아버지는 쉽게 승낙하지 않았다.

"이제부터 매일 걷는 연습도 하고, 담배 정도는 직접 사러 갈게. 류지 너에게 폐를 끼치지 않게 노력할 테니까."

"그러니까 아버지, 걷는 연습은 희망원에서 하실 수 있어

요. 제대로 된 재활치료시설이나 전문적인 치료사도 있고
요. 집 안에서도 자주 휘청거리는데 지난번처럼 밖에서 넘
어져서 또 구급차에 실려 가면 어쩌시려고 그래요. 차에 치
이기라도 하면요? 모리미 씨도 말했듯이 낮에 혼자 지내시
는 건 위험해요."

"하지만 여기가 내 집이야. 열심히 일해서 네 엄마랑 둘
이서 마련한 집이라고. 자기 집에서 살 수 없다니 너무하잖
니. 차라리 죽는 게 낫지."

"아버지 그런 가슴 아픈 말 하지 마세요."

희망원과의 회의를 거쳐서 정식 입소가 결정될 때까지,
이런 대화는 끊임없이 이어졌다.

입소를 하려면 건강진단서를 제출해야 했다. 아버지를
모시고 병원에 가서 엑스레이 촬영과 혈액 검사 등을 받게
했는데, 주치의에게 문진을 하면서 아버지를 설득해달라고
부탁했다. 주치의는 말수가 적고 온화한 사람이었지만, 그
순간에는 단호한 표정을 지으며 두 손으로 아버지의 손을
꽉 움켜쥐었다.

"모리타 씨, 의사로서 드리는 말씀입니다. 모리타 씨는
간병시설에 꼭 들어가셔야 하는 상태입니다. 희망원에 입

소하셔야 해요. 아시겠어요? 아셨죠?"

순간 아버지는 깜짝 놀란 것처럼 눈을 크게 떴다. "그렇습니까? 꼭 들어가야 하는군요." 아버지는 힘없이 어깨를 떨궜다.

큰 다리를 건너자 곧 희망원이 보이기 시작했다. 삼 층짜리 흰색 건물로, 잘 관리된 화단에는 색색의 꽃들이 피어 있었다. 주차장에 차를 세운 뒤에 아버지가 갈아입을 옷 등이 들어 있는 보스턴백과 쇼핑백을 양손에 들고 아버지를 재촉하며 정문으로 향했다. 휠체어를 탄 노인이 직원과 함께 화단에 물을 주고 있었다.

아버지는 허리를 구부리고 지팡이를 짚으면서 십 센티 정도의 보폭으로 천천히 걸었다. 자동문을 지나 접수처에 도착하자 지원상담원 가키누마 씨가 자리에서 일어났다.

"기다리고 있었습니다. 안내해드리겠습니다."

가키누마 씨는 지난주에 입소 계약서를 작성할 때, 시설에 대해서 설명해준 분이었다.

일 층의 안쪽 공간은 널찍한 휴게실 같은 곳이었다. 많은 노인들이 의자에 앉아서 양손을 벌리고 손가락을 움직이는 체조를 하고 있었다. 시설의 입소자들인 줄 알았는데,

데이 서비스를 이용하는 사람들이라고 했다.

이 층은 일반동, 삼 층은 치매전용동이었다. 치매에 걸린 시설 이용자에게는 엘리베이터 사용도 제한하고 있는 것 같았다. 삼 층에는 암호화된 잠금장치가 설치되어 있었다.

엘리베이터를 타고 이 층 일반동에 내렸다. 서비스 스테이션 안에서는 직원 몇 명이 선 채로 바쁘게 일하고 있었다.

"아버님의 약을 맡아두겠습니다" 직원의 말을 듣고 가방에서 약을 꺼내 건네주었다. 입소 첫날에는 최소 4주 치의 약을 준비해달라고 안내문에 적혀 있었다. 그것을 어젯밤에서야 기억해내고는 오늘 아침 병원에서 급하게 받아 온 약이었다.

"처음 뵙겠습니다. 간호사 나카노라고 합니다. 방으로 안내해드리겠습니다."

나카노 씨는 아직 이십대로 보이는 젊은 남자였다.

"나카노 씨는 간병사가 아니라 간호사인 거죠?" 나는 확인하는 것처럼 물어보았다.

"네, 가족분들은 구별하기 어려우시겠지만 희망원에는 간호사가 열다섯 명, 간병사가 마흔 명 정도 있습니다. 간호사들은 경관영양(위장관에 튜브를 삽입해 영양을 공급하는 것 ─ 옮긴이)이나 가래흡인처럼 간호사로서의 업무를 하면서 간병사와 함께 환자분들을 돌봐드리고 있습니다."

"그렇군요. 잘 부탁드립니다" 인사를 마치고 널찍한 홀을 걸어갔다.

홀에는 8인용 테이블과 4인용 테이블이 두 줄로 가지런히 놓여 있었고 노인들이 띄엄띄엄 앉아 있었다. 그들은 새로 온 시설 이용자가 신기했는지 아버지를 쳐다보고 있었지만 말을 붙여 오는 사람은 없었다.

홀 한편에는 대형 텔레비전이, 그 옆에는 긴 의자와 신문을 놓아두는 선반이 있었다.

"여기서 식사를 하는 거죠?" 하고 묻자 나카노 씨는 "네 그렇습니다"라고 대답하고서 8인용 테이블의 자리 하나를 가리켰다. "모리타 씨의 자리는 여기입니다."

그곳에는 이미 매직으로 '모리타'라고 쓴 이름표가 붙어 있었다.

홀의 끝까지 걸어가자 통로 양쪽으로 요양실이 늘어서 있었다. 아버지의 1인실은 202호였다.

문을 열고 1인실 안으로 들어갔다. 방은 다다미 여덟 장 정도(약 3.7평. 일본에서는 주택의 면적을 나타내는 단위로 다다미를 사용한다. ─옮긴이)의 크기로 창가에는 침대가 놓여 있고 벽장 옆에는 철제 책상이 자리하고 있었다. 세면대는 입구 근처에 있었고, 화장실은 문 대신 커튼으로 제 공간을 구분 짓고 있었다. 청결하고 기능적인 방이었지만 역시 살풍경이었다.

나카노 씨는 조명을 켜고 끄는 방법과 침대 머리맡에 달려 있는 직원 호출용 버튼의 사용법을 설명하고는 다시 오겠다는 말을 남기고 방을 나갔다.

나는 보스턴백을 열어 아버지가 갈아입을 옷과 속옷을 꺼냈다. 지원상담원이 소지품에 이름을 적어두라고 일러준 터라 어젯밤 아내와 함께 추리닝, 팬티, 양말과 세면도구까지 아버지의 모든 물건에 매직으로 이름을 적어 넣었다. 치매에 걸린 시설 이용자가 많아서 누가 물건을 훔쳐 갔다, 아니다, 하는 문제로 자주 싸움이 일어나는 모양이었다.

벽장에 갈아입을 옷과 속옷을 분류해서 넣고 세면대에 치약과 칫솔, 전기면도기도 놓아두었다. 돋보기와 일기장과 탁상시계를 책상 위에 꺼내놓고 있을 때, 나카노 씨가 기구를 가지고 돌아왔다.

"모리타 씨, 혈압을 재도록 하겠습니다."

나카노 씨는 아버지를 의자에 앉히고 능숙한 손길로 혈

압과 맥박, 체온을 측정했다. 그리고 곧 미소를 지으며 아무 이상이 없다고 말하고는 방을 나갔다. 이 같은 바이탈 체크는 하루에 한 번씩 반드시 한다는 말도 남겼다.

1인실 벽에는 달력이 걸려 있었다. 나는 오늘 날짜에 볼펜으로 '입소일'이라고 적었다. 그리고 아버지를 위해서 사온 일기장을 펼쳐서 첫 페이지에 날짜와 함께 '오전 한 시, 희망원에 입소. 방은 202호실. 날씨는 화창'이라고 적었다.

"아버지, 이제부터 한 줄이라도 좋으니까 매일 일기를 써보세요. 아무것도 안 하면 건망증이 점점 더 심해지니까요."

아버지는 일기장을 흘낏 쳐다볼 뿐이었다.

"실례합니다" 입구 쪽에서 소리가 들리고 직원이 들어왔다.

"담당 간병사 이누이 아카리라고 합니다. 제가 모리타 씨의 상태를 살피면서 케어플랜 등을 작성할 거예요."

"저기… 나카노 씨도 아버지의 담당인가요?" 내가 물었다.

"네, 기본적으로 간병사와 간호사가 각각 한 명씩 담당으로 배정됩니다. 하지만 간병사는 교대 일정에 따라서 바뀌니까 도움이 필요한 일이 있으면 누구에게든 편하게 말씀해주세요."

그렇게 말한 이누이 씨는 아버지의 허리와 다리의 상태

를 확인했다. 의자에서 일어났다가 천천히 앉기, 양말을 벗었다가 다시 신기, 한쪽 다리로 설 수 있는지, 침대에서 혼자 힘으로 눕거나 일어날 수 있는지 등 시간을 들여서 여러 사항들을 확인했다.

"수고하셨습니다" 이누이 씨가 말하자 아버지는 주머니에서 담배를 꺼냈다.

"재떨이는 어디 있지?"

"담배를 피우시는군요. 죄송하지만 담배는 저희가 맡아두도록 하겠습니다. 흡연 장소로 안내해드릴까요?"

"아니 괜찮아" 아버지는 굳은 얼굴로 말했다.

"그럼 담배를 피우고 싶으시면 언제든 말씀하세요."

이누이 씨는 그렇게 말하고 담배와 라이터를 비닐봉지에 넣었다. "세 시부터는 간식 시간이에요" 한마디를 덧붙인 이누이 씨는 인사를 하고 방에서 나갔다.

우리 둘만 남게 되자 어색한 침묵이 흘렀다. 나는 창밖의 경치를 바라보면서 십오 분 정도 시간을 때우다가 세 시가 되자마자 아버지를 재촉해 방을 나섰다.

식당에 도착했을 때, 아버지는 조금 놀란 것처럼 그 자리에 멈춰 섰다. 아까는 띄엄띄엄 몇 사람만이 앉아 있던 육

십여 개의 자리가 이미 거의 가득 차 있었다. 직원이 돌아다니면서 각자의 컵에 차를 따라주고 있었다.

아버지는 테이블에 지팡이를 세워두고 천천히 자기 자리에 앉았다.

"오늘부터 아버지께서 신세를 지게 됐습니다. 저희 아버지는 모리타라고 합니다. 잘 부탁드립니다."

같은 테이블의 노인들에게 인사를 건넸지만 여덟 명 가운데 두 명만 인사를 받아줄 뿐, 나머지 분들은 아무런 반응도 없었다.

나는 조금 떨어진 곳에 놓인 긴 의자에 앉아서 아버지의 모습을 관찰했다.

간식으로 만주를 나눠 줬지만 아버지는 손도 대지 않았다. 옆 사람과 수다를 떨고 있는 사람은 전부 여자들이었다. 남자들은 입을 다물고 있거나 투덜거리며 혼잣말을 하고 있었다. 페이스트 상태로 만든 만주를 직원이 숟가락으로 떠먹여주고 있는 노인도 몇 명 있었다. 간식을 다 먹어갈 때쯤, 노인들에게 노래책을 나눠 주었다.

"「봄의 시냇물」을 불러봅시다. 첫 소절은 '봄의 시냇물은 졸졸 흘러가요'예요. 준비됐죠?"

이누이 씨가 선창을 하고 다 같이 노래를 부르기 시작했다. 참여하지 않는 노인도 많았지만 절반 정도는 열심히 노래하고 있었다.

아버지는 노래책을 펼치지도 않은 채, 황당해하고 있었다. 레크리에이션 시간이 끝나고 방으로 돌아가면 집에 갈 타이밍을 놓쳐버릴 것 같았다. 아버지에게 다가가서 귓가에 대고 말했다. "그럼 가볼게요."

아버지는 놀라서 지팡이를 들고 비틀거리며 일어섰다.

"기다려라, 나도 갈 거다."

"아버지 제발 그런 말씀 좀 하지 마세요."

그때 내 목소리가 조금 격앙되었던 것도 같다. 발길을 돌려 엘리베이터로 향하는데 아버지가 지팡이를 짚으면서 필사적으로 따라왔다.

"다음 주 토요일에 다시 올게요. 그러니까 아버지."

나는 아버지의 손을 꼭 쥐었다. 그리고 어깨를 살짝 다독거렸다.

나카노 씨가 빠른 걸음으로 이쪽으로 다가왔다.

"죄송합니다. 잘 부탁드릴게요." 나는 머리를 숙이고 엘리베이터에 올라탔다. 뒤따라 타려는 아버지를 나카노 씨가 잡고 있었다.

　이누이 씨는 두 손을 흔들며 노래를 지휘하면서 걱정스러운 표정으로 이쪽을 보고 있었다. 나는 눈인사를 하고 엘리베이터의 버튼을 눌렀다. 문이 닫히는 순간, 어린아이처럼 얼굴을 잔뜩 찌푸린 아버지의 얼굴이 보였다.

5장

간병노인보건시설의
스물네 시간과 아버지의 변화

이쯤에서 독자 여러분들께 이 책이 나오기까지의 과정에 대해 설명할 필요가 있을 것 같다. 왜냐하면 아버지가 희망원에 입소한 이후의 일화들은 장편소설 『후타리시즈카二人静』를 적잖이 인용하고 있기 때문이다.

　『후타리시즈카』는 월간지에 연재했던 소설이다. 1회는 아버지가 우체국에서 쓰려져서 구급차에 실려 가는 이야기, 2회는 그 일을 계기로 간병시설에 들어가게 되는 이야기다. 이렇게 실제로 일어난 일들을 다음 달 잡지에서 소설로 다루는 방식으로 현실을 반영하면서 소설을 써나갔다.

　『후타리시즈카』는 연애소설의 성격도 있기 때문에 전체적인 내용은 당연히 지어낸 허구의 이야기다. 그러나 아버지의 간병에 관한 부분은 실제 있었던 일들을 거의 그대로 옮겨 썼다. 그래서 이 책에서도 아버지의 간병시설 생활에 관련된 다수의 일화들은 『후타리시즈카』를 인용할 수밖에 없었다. 이미 소설을 읽으신 분들은 그런 부분이 다소 눈에 띄더라도 부디 너그러운 마음으로 이해해주시길 바란다.

『후타리시즈카』 집필을 준비하면서 간병노인보건시설에서 일하는 간병사와 시설을 이용하고 있는 고령자의 하루 일정에 대해 조사하기도 했다. 시설 몇 곳을 취재하며 간병사들과 직접 이야기를 나누었기 때문에 이제부터 소개할 내용은 평균적인 근무 유형이라고 생각한다. 부모님이나 배우자 또는 친족에게 간병이 필요한 상황이 되어서 시설 이용을 고려하기 시작한 독자 여러분들에게 참고가 되었으면 좋겠다.

먼저 간병사의 근무 유형은 아침 근무조부터 야간 근무조까지 약 다섯 가지가 있다.

아침 근무조는 오전 일곱 시부터 오후 네 시까지, 점심시간 한 시간을 포함해 총 아홉 시간 동안 근무한다.

준準 아침 근무조는 오전 여덟 시부터 오후 다섯 시까지로 일반적인 주간 근무조보다 삼십 분 일찍 출근한다. 이는 와병생활 중이라서 식당으로 이동하지 못하는 이용자의 아침 식사를 챙기기 위해서다.

주간 근무조는 오전 여덟 시 반부터 오후 다섯 시 반까지 근무하며 직원 수가 가장 많다.

늦은 출근조는 오전 열 시부터 오후 일곱 시까지 근무한다. 저녁 식사가 오후 다섯 시 반부터 시작되는데 그 시각에 주간 근무조 직원들은 퇴근을 하기 때문에 저녁 식사의 시중을 들기 위해 한 시간 반 늦게 출근하는 늦은 출근조가 있다.

마지막으로 야간 근무조는 오후 네 시부터 이튿날 오전 아홉 시까지의 근무로, 두 시간의 수면 시간을 포함해 총 열일곱 시간 동안 근무해야 하는 중노동이다.

휴일은 일주일에 이틀이고 야간 근무를 마친 다음 날은 휴일이다. 이틀 연휴는 거의 없다. 모든 간병시설이 대부분 이런 근무 유형을 가지고 있지 않을까 싶다.

그렇다면 야간 근무조의 시간대부터 간병시설의 스물네 시간을 따라가보겠다. 정원이 예순 명 정도인 시설의 경우에 야간 근무조는 보통 두 명의 직원이 담당한다.

■ 오후 열 시 반, 이용자들이 잠들어 조용해지는 시간에 야간 근무조 직원 두 사람은 분담해서 기저귀 교체와 배변 간병을 시작한다. 예순 명의 이용자 중 밤낮으로 하루 종일 기저귀를 차고 있는 이용자는 스물다섯 명 정도다. 직원은 순서대로 방에 들어가 이용자의 기저귀를 간다. 일반적으로 한 시간 정도면 끝난다.

그러나 때때로 배설물로 인한 오염이 생기기도 한다. 대소변의 양이 많아서 기저귀 밖으로 많은 양이 새버린 경우 속옷과 잠옷은 물론이고 이불과 시트까지 전부 갈아야 한다. 배설물로 인한 오염은 일상적인 일이지만 야간 근무 시간대에 이런 일이 생기면 상당히 힘들어진다.

야간 근무조 직원은 교대로 두 시간씩 눈을 붙인다. 한 사람은 자정부터 새벽 두 시까지, 다른 한 사람은 새벽 세 시부터 다섯 시까지 쪽잠을 잔다.

■ 새벽 네 시가 되면 두 번째 기저귀 교체와 배변 간병이 이루어진다. 이는 먼저 눈을 붙였던 직원이 담당한다.

이때는 아예 용변을 보지 않았거나 그 양이 적어 기저귀를 갈지 않았던 이용자의 방을 중심으로 돌아보면서 간병을 한다. 그러나 하룻밤에 기저귀를 두 번 갈아야 하는 이용자도 많아서 혼자 담당하다보면 이 역시 한 시간 정도가 걸린다.

■ 새벽 다섯 시, 눈을 붙이던 다른 직원이 일어나서 합류한다. 밤에만 기저귀를 차는 이용자 열 명의 기저귀를 갈면서 차례로 말을 걸어 깨우기 시작한다. 혼자 힘으로는 자리에서 일어날 수 없는 이용자가 80퍼센트 정도다. 배변 간병을 하고, 휴대용 변기에 차 있는 소변을 비운 뒤에는 더러워진 기저귀를 모아 정해진 장소에 버리러 간다.

이용자가 잠에서 깨면 세수까지 제대로 시켜주고 싶지만, 시간적으로 여유가 없는 경우가 많다. 그러면 물수건으로 얼굴을 닦고 빗으로 머리를 빗겨준다. 여기까지 마치면 서비스 스테이션으로 돌아가서 차를 마시며 한숨 돌린다.

■ 오전 일곱 시, 아침 근무조 직원(한 명)이 출근한다. 야간 근무조 직원 두 사람과 함께 이용자가 침대에서 휠체어로 옮겨 타는 것을 도와주고 식당으로 데려간다. 차와 물수건을 각 테이블에 나눠 주면서 배식 준비도 한다.

■ 오전 일곱 시 반부터 여덟 시 반까지는 아침 식사 시간

이다. 일반식, 잘게 썬 식사, 쉽게 삼킬 수 있도록 젤라틴이나 녹말가루로 걸쭉하게 만든 연하식 등 이용자에게 맞는 식사를 제공한다.

또한 위절개술과 같은 시술을 받은 사람에게는 같은 시간대에 경관영양을 실시한다.

- 오전 여덟 시, 준 아침 근무조 직원(한 명)이 출근한다. 몸져누워 식당으로 이동하지 못하는 이용자가 세 명 있다. 이 사람들의 침대에 등받이를 세우고 몸이 움직이지 않도록 쿠션 등으로 고정해준 뒤에 식사를 돕는다.

- 오전 여덟 시 반, 아침 식사를 마칠 때쯤 주간 근무조 직원들이 출근한다. 목욕 간병이 있는 날(월·목, 화·금)은 여섯 명, 목욕 간병이 없는 날(수·토·일)은 두 명이 출근한다.

이용자의 목욕은 일주일에 두 번 이루어진다. 월요일과 목요일에 목욕하는 그룹과 화요일과 금요일에 목욕하는 두 그룹으로 나누어 목욕 간병 업무량의 평균화를 도모하고 있다.

- 오전 여덟 시 반, 야간 근무조 직원이 주간 근무조 직원에게 야간의 상황에 대해서 업무 내용을 전달한다. 이

용자의 건강 상태와 배설물 오염 상태, 그밖에 배변 간병을 하는 도중에 이용자가 비틀거리다가 넘어질 뻔했던, 즉 '위험했던' 사례 등의 주의 사항을 정리해서 인수인계한다. 삼십 분 정도의 인수인계를 마치고 오전 아홉 시가 되면 야간 근무조 직원들이 퇴근한다.

■ 오전 아홉 시부터 차례로 목욕을 시작한다. 서른 명의 이용자가 목욕을 마치는 시간은 열한 시 반쯤으로 약 두 시간 반이 소요된다. 목욕탕은 일반욕(욕조가 깊지 않아서 도움을 받으면 걸을 수 있는 사람이 이용하는 목욕탕)과 기계욕(휠체어에 앉은 채로 들어갈 수 있는 욕조가 있는 목욕탕)의 두 종류가 있다. 이용자 수는 거의 반반이다.

  옷을 벗기고 입히는 담당과 몸을 씻기는 담당이 각각 세 명씩이다. 간호사는 옷을 벗기고 입히면서 무좀이나 욕창을 치료한다. 몸을 씻기는 직원은 반팔 티셔츠에 반바지 차림이다. 방수 앞치마를 착용하긴 하지만 속옷까지 젖어버리기 때문에 목욕 간병이 끝나면 옷을 갈아입을 수밖에 없다.

■ 오전 열한 시 반부터 열두 시 반까지는 점심시간이다.

간병 직원들의 점심시간은 오후 열두 시부터 한 시까지, 한 시부터 두 시까지의 2교대로 이뤄진다.

■ 오후 열두 시 반부터 두 시 반까지, 두 시간 동안은 이용자가 방으로 돌아가 낮잠을 자는 시간이다.

　　주간 근무조 직원은 이 시간을 이용해서 다음 날 목욕할 이용자의 옷을 갈아입히거나 전용 주머니에 넣은 속옷을 욕실에 가져다두는 등 다음 날을 위한 준비를 해둔다.

■ 오후 두 시부터 삼십 분 동안은 간병 직원들의 회의 시간이다. 이용자의 상태에 맞춘 케어플랜의 상호 평가와 새로 들어온 이용자의 정보 공유가 중심이다. 케어매니저가 작성한 자료에는 신체 등급, 배변 상태, 식사, 휠체어 사용, 자력으로 설 수 있는지 여부, 자력으로 휠체어에서 침대로 이동할 수 있는지 여부 등이 적혀 있다. 기록된 것과 다른 경우도 있기 때문에 시설에 들어가면 이 항목들을 다시 확인해야 한다.

　　취재를 하던 나에게 한 간병사는 다음과 같은 이야기를 해주었다.

　　"시설 입소는 가족과 케어매니저 사이에서 결정되기

때문에 이용자 본인은 납득하지 못한 상태로 들어오는 경우가 많습니다. 그래서 집에 돌아가고 싶다는 욕구가 대단히 강하죠. 특히 입소 첫날에는 정성을 다해서 이용자를 대하지 않으면 감정이 불안정해지고 불만을 품게 되는 경우가 있어 특별히 주의를 기울입니다."

■ 오후 두 시 반, 낮잠 시간이 끝난다. 직원들이 분담해서 이용자를 한 사람씩 깨운다. 이용자 개인의 상태에 맞춰서 소변통 또는 휴대용 화장실을 사용해 배변 간병을 실시하고, 휠체어에 옮겨 태워서 식당으로 데리고 간다. 한 간병사는 이렇게 말했다.

"고령으로 반신불수 상태인 분들이 많으십니다. 그런 분들은 본인 스스로도 화장실에 가는 것을 포기한 상태지만, 사실은 화장실에서 용변을 보고 싶으실 거예요. 변의를 정상적으로 느끼는 사람도 기저귀를 계속 차고 있으면 폐용廢用성 문제가 일어나서 실금하는 경우가 있습니다. 심신 기능의 저하를 막기 위해서라도 저는 이용자 본인이 직접 화장실에 갈 수 있도록 하고 싶습니다. 그러나 이용자가 직접 화장실에 가려면 적어도 직원 두 사람의 도움이 필요합니다. 이 말은 곧 간병사를 증원해야 한다는 얘기인데, 현실적으로 불가능에 가깝죠. 정말 마음이 아픕니다."

■ 오후 세 시부터 삼십 분 동안은 간식, 가벼운 체조, 레크리에이션 시간이다.

간식은 과자, 만주(삼키지 못하는 사람은 페이스트 상태로), 센베이(씹지 못하는 사람은 우유에 적셔서) 등이다. 레크리에이션 시간은 노래를 부르거나 게임을 하는 등의 참가형 레크리에이션과 유치원 아이들의 합창, 자원봉사자의 샤미센(일본의 대표적인 현악기 - 옮긴이) 연주와 노래, 검극, 훌라댄스 등의 감상형 레크리에이션 등이 있다. 간병사들은 창의적인 아이디어를 짜내고 있다.

■ 오후 세 시 반부터 네 시 반은 물리치료사가 작성한 계획에 따라서 간병사가 이용자에게 개별적인 재활치료를 실시한다. 손발을 접었다 펴거나 걷는 훈련 등이 대표적이다.

■ 오후 네 시가 되면 야간 근무조 직원이 출근한다. 주간 근무조 직원의 책임자가 야간 근무조에게 이용자에 대한 인수인계(소변이 나오지 않는다, 식사를 하지 않았다, 열이 났다, 상처가 생겼다 등)를 한다.

■ 오후 네 시 반부터 다섯 시 반까지는 다시 배변 간병을 한 뒤에 식당에 데리고 간다.

한 간병사는 이렇게 말했다.

"휠체어에서 침대로, 침대에서 휠체어로, 이렇게 사람을 옮기는 일만 하루에 몇 번을 하는지 모릅니다. 사고가 일어나지 않도록 세심한 주의를 기울이고 있지만 언제부턴가 인간이 아니라 물건처럼 일으켰다 눕혔다 하고 있는 제 자신을 발견하게 됩니다. 먹이고 배변시키고, 배변시키고 먹입니다. 그 일을 끊임없이 반복하다보면 이용자분께서 조금이라도 쾌적한 생활을 하셨으면 좋겠다는 마음이 사라져버리는 것만 같습니다. 그래도 이용자분들에게 식사는 가장 큰 즐거움이라는 생각으로 정신을 바짝 차립니다."

■ 오후 다섯 시 반부터 저녁 식사를 시작해 여섯 시 반까지 끝낸다. 주간 근무 직원은 다섯 시 반에 퇴근하기 때문에 저녁 식사를 돕는 것은 늦은 출근조와 야간 근무조의 일이다.

■ 오후 여섯 시 반부터 약 삼십 분 동안은 이용자를 방의 침대로 이동시킨다. 눕자마자 바로 잠드는 사람이 많다.

- 오후 일곱 시, 야간 근무조 직원이 저녁 식사를 한다(직원이 직접 도시락을 싸 온다. 아침 식사용 빵도 본인이 가져온다).
- 오후 여덟 시, 필요한 사람에게는 자기 전에 먹는 약을 나눠 주고 방들을 둘러보며 불을 끈다.

  모든 방의 불을 끄고 난 뒤에는 이용자의 호출에 대처한다. 침대 머리맡에는 직원 호출용 버튼이 있는데 쓸쓸한 마음에 몇 번이고 버튼을 누르는 이용자도 있다.

  소변을 보고 싶다, 커튼을 쳐줬으면 좋겠다, 목이 마르다, 다리에 쥐가 났다, 티슈를 달라, 몸을 좀 더 위로 올려달라는 등의 요구 사항에서부터 방에 아이가 들어왔다, 고양이가 울어서 시끄럽다 같은 치매 환자들의 하소연도 들어줘야 한다.

  잠들지 못하고 일어나서 비틀거리며 식당에 오는 분도 있다. 따뜻한 음료와 비스킷 등을 먹으면서 잠시 대화를 나누고 나면 안심하고 방으로 돌아가곤 한다.
- 오후 아홉 시 반, 한 시간 반마다 방을 돌아보면서 이용자의 상태를 확인한다. 돌아눕는 것을 도와주기도 하고 흘러내린 담요를 다시 제대로 덮어주기도 한다.

비로소 한가해지는 시간이면 맡고 있는 이용자의 케어플랜을 작성하거나 각자가 '담당'하고 있는 활동들을 준비한다. 여기에는 간식을 먹은 뒤의 '레크리에이션 담당', 자원봉사자들의 연주회 등을 기획하는 '행사 담당', 종이기저귀의 발주와 관리를 책임지는 '기저귀 담당', '위험했던 사건' 보고서를 관리하는 '위험관리 담당' 등이 있다. 주간 근무 시간에는 간병일로 눈코 뜰 새 없이 바쁘기 때문에 야간 근무 중 한가한 시간에 이 일들을 하는 경우가 많다. 그러다 오후 열시 반이 되면 스물네 시간 일정의 처음으로 돌아가서 다시 기저귀 교체와 배변 간병이 시작된다.

그럼, 아버지가 간병시설에서 어떻게 생활했는지에 대한 내용으로 돌아가보자.

"다음 주 토요일에 다시 올게요" 아버지와 약속한 대로 일주일 뒤 토요일 오후 한 시 반이 조금 넘은 시각에 희망원에 도착했다. 점심 식사를 마친 아버지가 방에서 쉬고 있을 시간이었다.

노크도 하지 않고 방으로 들어서자 이누이 씨의 모습이

눈에 들어왔다. 이누이 씨는 거리의 설문조사에서 사용하는 것 같은 클립보드를 무릎 위에 올려놓고 아버지와 마주하고 있었다.

"밖에서 기다릴까요?" 내가 물었다.

"아니에요. 괜찮아요." 이누이 씨가 대답했다. "이제 곧 끝나거든요."

나는 침대 가장자리에 걸터앉았다.

"계속할게요. 제가 지금부터 말하는 세 단어를 따라해보세요. 벚꽃, 고양이, 전철."

아버지는 이쪽을 흘낏 쳐다보면서 초등학생 같은 테스트를 받고 있다는 표정을 지었다.

"벚꽃, 고양이, 전철. 이렇게?"

"네, 맞아요. 이따 다시 물어볼 거니까 잘 기억해두세요."

그렇게 말한 이누이 씨는 질문지에 펜으로 무언가를 표시했다. 나는 살짝 몸을 일으켜 그 종이를 들여다보았다. 표지에는 '하세가와식式 간이 지능 평가 스케줄'이라고 적혀 있었다.

"다음은 뺄셈이에요. 100에서 7을 빼면?"

"93." 아버지는 바로 대답했다.

"네. 그럼 93에서 7을 빼면?"

아버지는 눈썹을 찡그리며 "뭐라고?" 하고 물었다.

"93 빼기 7이요."

아버지는 잠시 멍하게 앉아 있다가 "아시겠어요?"라는 물음에 고개를 저었다.

"그럼 지금부터 제가 말하는 숫자를 거꾸로 말해보세요. 6, 8, 2."

"음. 2, 8, 6."

"3, 5, 2, 9"

"어? 그게… 9, 2, 5, 3."

와! 제대로 대답할 수 있잖아! 내가 감탄하고 있는 사이 "그럼 아까 기억해두라고 말씀드렸던 단어를 다시 한번 말해보세요." 이누이 씨가 말했다.

"단어?"

"단어 세 개를 기억해두라고 말씀드렸죠?"

아버지는 팔짱을 끼고 고개를 갸웃거렸다.

"힌트를 드릴게요. 식물, 동물, 탈것이에요."

아버지는 하나 정도는 대답할 수 있다고 생각하는 것 같았지만 결국 하나도 기억해내지 못했다.

"자 이제부터 다섯 개의 물건을 보여드릴 거예요. 그리고 그것들을 안 보이게 숨길 테니까 뭐가 있었는지 말씀해주세요."

"안경, 지우개, 담배, 열쇠, 시계." 이누이 씨는 그렇게 말하면서 철제 책상 위에 물건을 하나씩 늘어놓았다. 그러고는 "준비되셨죠?"라고 한 뒤 그것들을 상자 안에 넣었다.

"자, 뭐가 있었죠?"

"담배, 지우개…." 아버지는 바로 대답했지만 더 이상 이어지지는 않았다. '하아, 하아' 숨을 내뱉으면서 상자를 뚫어지게 쳐다보았다.

"모리타 씨, 피곤하세요? 다음 질문이 마지막이니까 조금만 더 힘을 내세요. 자 그럼, 알고 있는 채소 이름을 최대한 많이 말해보세요."

아버지는 지겹다는 표정으로 "오이, 가지, 무"라고 손가락을 꼽아가며 대답했다. 그러나 집중력이 떨어졌는지 거기에서 멈춰버렸다.

"자 이제 끝났어요. 수고하셨습니다."

이누이 씨는 아버지에게 머리를 숙여 인사하고 내 쪽으로 돌아섰다.

"케어플랜을 작성하기 위해서 간단한 테스트를 실시했습니다."

"결과는 어떻습니까?" 이누이 씨의 얼굴에 당황한 기색이 떠올랐다. 피험자 앞에서 대답할 수 없기 때문이었을 것이다.

"괜찮으시면 저쪽에서." 이누이 씨가 말했다.

방을 나와서 휴게실 테이블에 마주 앉았다.

"치매의 진행 단계를 측정하는 테스트를 했습니다."

이누이 씨는 테이블 위에 아버지의 답변지를 펼쳤다. 나는 내가 지켜보지 못한 전반부의 질문들을 대충 훑어보았다.

'지금 우리가 있는 곳은 어디입니까? 대답하지 못하는 경우에는 5초 뒤에 선택지(집, 병원, 시설)'

그 질문에 대한 아버지의 점수는 0점이었다. '집, 구루와마치'라고 적혀 있었다.

"이건 그러니까, 여기가 간병시설이 아니라 내 집이라고, 아버지가 그렇게 대답했다는 말이죠?"

"네, 구루와마치에 있는 자기 집이라고 대답하셨어요."

나는 기가 막혔다. 아버지는 네 자리 숫자는 거꾸로 말할 수 있었지만 자기가 지금 어디에 있는지는 인식하지 못했다. 아버지의 머릿속에서 무슨 일이 일어나고 있는지 알 수가 없었다.

"먼저 결과부터 말씀드리면 모리타 씨는 30점 만점에 11점을 받았습니다."

"그건 어느 정도 수준인 겁니까?"

"어디까지나 대략적인 기준이지만 일단 중中 정도의 치매로 판단됩니다. 10점 이하인 경우는 고도 치매 판정을 받습니다."

1점만 낮았어도 고도였다…. 그 정도까지 진행됐으리라고는 생각하지 못했기 때문에 깜짝 놀랐다.

"진행을 늦추는 방법 같은 건 없나요?" 내가 물었다.

"전문가가 아니라서 확실한 대답은 드릴 수 없지만 적당한 운동과 일상적인 대화로 증상이 개선되는 경우도 있습니다. 저도 최대한 자주 말을 걸어서 대화를 나누도록 노력하겠습니다." 이누이 씨가 말했다.

세 시의 간식 시간이 끝나고 레크리에이션 시간이 되었다. 아버지는 이 시간이 대단히 고역인 듯했다.

"자 여러분, 오늘은 공 던져 넣기를 하겠습니다. 남자팀과 여자팀의 대결이니까, 인원이 적은 남자팀은 지지 않게 힘내세요."

젊은 남자 직원이 홀 가운데 서서 붉은색과 흰색의 공을 쥐고 높이 들어 올렸다. 아버지는 지루하다는 표정으로 입을 꾹 다물고 있었다. 나는 긴 의자에 앉아서 그런 아버지의 모습을 지켜봤다. 초등학교 운동회의 공 던져 넣기는 장대 끝에 달린 바구니에 공을 던져 넣지만, 희망원에서는 테이블 위에 놓인 큰 소쿠리에 넣는 방식인 것 같았다.

"그럼 먼저, 시작하기 전에 공이 전부 몇 개 있는지 세어 봅시다. 하-나, 두-울."

직원의 목소리에 맞춰서 이누이 씨와 다른 한 명의 직원이 노인들에게 공을 나눠 주기 시작했다.

"자 모리타 씨, 여기요." 이누이 씨가 공을 내밀었다. 그러나 아버지는 그것을 받지 않았다. 미안하다고 말하는 것처럼 손을 이마 위에 올리더니 가볍게 헛기침을 하고 의자에서 일어섰다.

이누이 씨는 눈을 살짝 찌푸렸을 뿐 아무 말도 하지 않고 아버지에게 내밀었던 공을 옆자리의 노인에게 건네췄다. 아버지처럼 레크리에이션에 참여하기 싫어하는 이용자가 몇 명 있었지만 직원은 결코 강요하지 않았다.

아버지는 고개를 숙이고 지팡이를 짚으면서 방으로 향했다.

"아버지, 해보면 의외로 재미있을지도 몰라요."

복도에서 말을 걸었지만 아버지는 아무 대꾸도 없이 잠자코 걸어갔다.

"요전에도 늙은이를 애들처럼 대한다고 화를 내셨지만, 그래도 이누이 씨가 실망한 것 같았어요. 아버지를 생각해서 열심히 챙겨주고 있잖아요."

그렇게 말하자 아버지는 잠시 발걸음을 멈추고 "내가 기분을 상하게 했나"라고 중얼거렸다. 그리고 자리를 뜬 것을 후회하는 것처럼 '하아' 하고 크게 한숨을 내쉬었다.

노인을 아이처럼 대한다는 아버지의 말에도 확실히 공감되는 부분이 있었다. 반신불수 증상이 있는 고령자에게 "까까예요"라고 유아어로 말을 거는 간병사를 목격했을 때는 나도 모르게 주의를 줄 뻔한 적도 있었다.

그러나 참가형 레크리에이션 말고 감상형 레크리에이션은 아버지도 나름 즐기고 있는 것처럼 보였다.

화사한 색상의 의상을 입은 홀라댄스 동아리의 사람들이 웃으면서 "알로하!" 하고 인사하면 노인들도 "알로하!" 하고 답했다. 그런 화기애애한 분위기 속에서 목에 화환을 두른 아버지의 기분이 나쁜 것 같지는 않았다. 자원봉사자 단체가 프로 수준의 검극을 선보였을 때도 아버지는 열심히 박수를 보냈다.

아버지가 공 던져 넣기 게임을 거부하고 방에서 쉬고 있는 동안 나는 침구실로 향했다.

나는 희망원에 도착하자마자 아버지의 더러워진 속옷과 추리닝을 카드로 작동하는 세탁기에 넣는다. 갈 때마다 매번 하는 일이었다. 세탁은 탈수를 포함해 사십 분 정도가 걸린다. 이미 탈수도 끝나 있었다. 나는 탈수가 끝난 옷들을 세탁기에서 꺼내 토트백에 넣었다. 이곳의 건조기는 구형 모델이라서 시간도 많이 걸리고 요금도 비싼 편이었다. 그래서 건조는 근처의 빨래방에 가져가서 하고 있었다.

희망원에서는 세탁 서비스가 제공되지 않았다. 그래서 이용자 가족이 빨래를 하려면 희망원의 세탁기나 외부의 빨래방을 이용하거나 집에 가지고 갈 수밖에 없다고 생각했다. 실제로 시설 이용 안내문에도 그렇게 적혀 있었다. 일주일에 한 번씩 아버지의 상태를 확인하기 위해서 정기적으로 시설을 방문하고 있었기 때문에 빨래방에서 빨래를 하는 일이 특별히 문제가 될 일은 없었다.

그런데 월정 계약으로 빨래를 세탁업자에게 전부 위탁하고 시설에는 거의 나타나지 않는 가족도 많다는 이야기를 나중에 듣게 되었다.

"나름의 사정이 있겠지만, 가족 중 아무도 면회를 오지 않는 이용자분은 항상 외로워 보여서 너무 안타깝습니다." 어느 간병사는 말했다.

토트백을 메고 방으로 돌아왔더니 아버지는 책상에 멍하게 앉아 있었다.

"밖에 좀 나갔다 올까요?" 말을 걸어도 아버지는 대답하지 않았다.

"가끔은 바깥 공기를 마시러 가요."

한 번 더 말을 걸자 뇌의 스위치가 켜진 것처럼 움찔하더니 얼굴을 들었다.

"어디 가는데?"

"빨래방이요." 내 대답을 듣는 순간 아버지의 눈은 다시 공허하게 변했다. 그러다 "담배 피울 수 있어요." 한마디에 "영차!" 소리를 내며 의자에서 일어섰다.

아버지의 담배와 라이터는 간병 직원이 관리했기 때문에 담배를 피우고 싶으면 서비스 스테이션까지 가서 "담배를 피우고 싶은데요"라고 말해야 했다. 게다가 담배를 피우기 위해서는 정해진 흡연 장소까지 가야 한다. 아버지는 그것들이 너무 귀찮을 뿐만 아니라 바쁘게 일하는 직원에게 말을 건다는 것도 내키지 않는 것 같았다.

홀에서는 아직 공 던져 넣기 게임이 진행되고 있었다. 공이 소쿠리에 들어갈 때마다 박수 소리가 울려 퍼졌다.

나는 서비스 스테이션에 가서 아버지의 담배와 라이터를 건네받고 외출 신고서의 행선지에 '세탁'이라고 적어서 직원에게 건넸다. 다만 삼십 분일지라도 외출 시에는 반드시 신고가 필요했다.

엘리베이터를 타고 일 층으로 내려가 아버지를 차에 태우고 희망원을 나섰다. 건물 주위에는 논밭이 펼쳐져 있고 나무 울타리로 둘러싸인 가정집이 띄엄띄엄 흩어져 있었다.

빨래방에 도착하자 건조기에 빨래를 넣고 아버지와 나란히 벤치에 앉았다. 잠자코 담배 한 개비를 내밀었다.

"어이구, 고마워."

아버지는 손바닥으로 찰싹찰싹 볼을 두드리고, 스모 선수가 심판에게 우승 상금을 건네받을 때처럼 손으로 마음 심心 자를 그렸다.

"뭐 하는 거예요?"

나도 모르게 웃어버렸다. 그것은 처음 보는 아버지의 모습이었다. 아버지는 언제나 무뚝뚝한 표정을 짓는, 텔레비전의 코미디 프로그램을 봐도 눈썹을 찌푸리는 그런 종류의 사람이었다. 아들이 담배를 건넨다고 "고마워"라고 말할 사람은 아니었다.

나이가 들면서 마음이 약해진 걸까? 만약 아들에게 신세를 지게 되어 비굴해진 것이라면, 돌봐주고 있다는 거만함이 내 태도에서 풍기고 있는 것인지도 모른다. 그런 생각이 들 때마다 나를 반성하기도 했다.

아버지는 맛있게 연기를 빨아들여서 폐 가득 품었다가 후우- 하고 내뱉었다.

빨래방의 텔레비전에서는 경마 중계가 흘러나오고 있었다.

"류지, 맥주." 갑자기 아버지가 말했다.

나는 못 들은 척하고 텔레비전을 보고 있었다. 말 한 마리가 흥분해서 좀처럼 출발 게이트 안으로 들어가지 못하고 있었다.

"밤에 잠이 안 와서 계속 천장을 보고 있어. 술을 마시면 잠이 올 텐데 말이야. 류지, 가끔은 한잔하고 싶어. 반주도 못하는 건 교도소랑 다를 게 없잖아."

"알았어요. 사 올 테니까 여기서 기다려요. 절대로 움직이면 안 돼요."

나는 그 말을 남기고 빨래방을 나왔다. 차를 몰고 편의점에 가서 아버지의 맥주와 내가 마실 무알콜 맥주를 사서 돌아왔다. 오 분여밖에 걸리지 않았는데도 아버지는 울음을 터뜨릴 것 같은 얼굴을 하고 있었다.

"이봐, 어디 갔다 온 거야?"

나는 잠자코 캔맥주를 내밀었다. 아버지는 기쁜 얼굴로 받아 들었지만 캔뚜껑을 따지 못하고 가만히 있었다. 직접 캔을 딸 기운이 없었던 것이다. 나는 맥주캔을 따서 다시 건네주었다.

"미안하다, 귀찮게 하는구나."

아버지는 면목이 없다는 듯이 홀짝거리며 맥주를 마셨다.

"어머니가 아직 건강하게 간호사로 일하고 있을 때, 일을 마치고 돌아오면 저녁을 만들기 전에 담배를 한 대 피우셨죠. 환기팬 아래서 담배를 피우던 모습을 똑똑히 기억하고 있어요."

아버지는 고개를 끄덕이며 두 번째 담배에 불을 붙였다. 한 모금 빨아들일 때마다 "맛있구나, 맛있어"라고 반복했다.

"파킨슨병이 심해진 뒤에는 못 피우게 됐지만, 피우게 해 드리고 싶었어요. 마지막에는."

"파… 뭐라고?"

"아버지 정신 좀 차려요. 파킨슨병이요."

"그래, 파킨슨병이었지. 네 엄마가 걸렸던 병은."

나는 한숨을 돌리고 무알콜 맥주를 들이켰다.

"한 달에 두 번, 오차노미즈에 있는 준텐도 병원에 아버지도 같이 갔었잖아요."

"나도 같이?"

"그래요. 제가 차를 운전해서요. 가와고에 가도街道가 막히면 두 시간은 족히 걸렸잖아요."

"흠, 그랬던가? 그런 일도 있었나?"

아버지는 고개를 갸웃거리며 입으로 맥주를 가져갔다.

아직 삼 년도 안 지났어요. 그런 일까지 잊어버린 거예요? 나는 아버지를 비난하고 싶은 마음을 꾹 눌러 참았다.

돌아가던 건조기가 멈췄다. 벤치에서 몸을 일으켜 아버지의 팬티, 내복, 추리닝을 바구니에 담았다. 그리고 곧장 테이블 위에 놓고는 바로 개어서 가방에 넣었다.

"다 마시면 돌아가요." 아버지는 내 말에 당황했는지 가슴팍에 뚝뚝 맥주를 흘렸다. 나는 지금 막 개어놓은 수건을 꺼내 아버지가 입고 있는 폴로셔츠의 가슴팍을 닦아냈다.

"서두르지 않아도 괜찮아요."

아버지는 고개를 끄덕이고는 두 손으로 맥주캔을 들고 삐죽 내민 입술을 캔입구에 댔다. 그 모습은 마치 손에서 한순간도 우유병을 놓지 않는 젖먹이 같았다. 드디어 맥주를 다 마신 아버지는 만족스럽다는 듯 크게 트림을 했다.

아버지는 다른 사람과 의사소통을 해야 하는 레크리에이션 시간을 힘들어했지만, 보행훈련은 그다지 싫어하지 않았다. 아니 오히려 솔선해서 훈련에 임했다. 그런 아버지의 모습을 보고 놀란 것은 입소하고 나서 세 달 가까이 지났을 때였다.

아버지는 재활치료 담당 직원의 도움을 받으며 천천히

보행훈련용 계단으로 향했다. 계단의 양쪽에는 손잡이가 붙어 있고, 다섯 계단을 올라갔다가 다시 다섯 계단을 내려올 수 있도록 설계되어 있었다.

아버지는 지팡이를 짚으면서 한 발씩 바꿔가며 계단을 올라갔다. 그 가벼운 발걸음에 나는 눈이 휘둥그레졌다. 희망원에 막 입소했을 때는 다리를 끌며 복도를 걸어가는 것이 최대였다. 계단을 올라가는 일은 꿈도 꿀 수 없었다. 세 달도 안돼서 이 정도로 재활치료가 진행되었다는 사실이 놀라웠다.

그러나 계단을 내려가는 순서가 되자 아버지는 180도 변해서 신중해졌다. 손잡이를 잡고 조심스럽게 다리를 뻗어 우선 한쪽 다리만 한 계단 아래로 내렸다. 그다음에 두 발을 같은 단에 모으고, 그 뒤에 다시 한번 발을 뻗었다. 그렇게 반걸음씩 나아가는 움직임이었다.

"왼쪽 무릎을 굽히는 걸 좀 힘들어하시지만 그래도 상당히 좋아지셨어요."

직원이 상냥한 미소를 지으며 말했다.

"네, 확실히 그러네요." 나는 고개를 끄덕였다. 몇 분 전의 일조차 기억하지 못하는 단기기억 장애 증상은 계속 진행 중이었지만 쇠약해졌던 하반신은 확실히 나아지고 있었다.

그러던 어느 날의 일이었다. 다소 과장스러운 표현이지만 내 눈을 의심할 만한 광경을 목격했다. 여느 때처럼 빨래방에 가서 아버지는 마음껏 담배를 피우고, 나는 건조를 마친 속옷을 토트백에 넣고는 차를 달려 희망원으로 돌아왔을 때의 일이었다.

저녁 식사가 시작되기 전의 이 시간은 대부분의 입소자들이 방에서 쉬면서 보낸다. 식당 테이블에서 텔레비전을 보고 있는 사람은 노인 몇 명뿐이었다. 아버지와 둘이서 방을 향해서 홀 안쪽으로 걸어가고 있을 때, 이쪽을 향해서 손을 흔들고 있는 한 노인의 모습이 눈에 들어왔다.

응? 누구지? 그렇게 생각한 순간, 아버지가 쑥스러운 듯이 손을 흔들더니 그 노인 쪽으로 지팡이를 짚으면서 걸어가기 시작했다. 노인도 의자에서 일어나 기쁜 표정으로 고개를 끄덕이고 있었다.

무언가에 홀리기라도 한 듯한 기분으로 두 사람의 모습을 보고 있자 이누이 씨가 미소를 지으며 다가왔다.

"모리타 씨에게 친구가 생겼답니다."

나는 순간 잘못 들었다고 생각했다. 그것은 마치 유치원에서나 들을 수 있는 말이었다. 무엇보다 아버지가 다른 입소자와 대화를 나누는 모습은 한 번도 본 적이 없었다.

노인의 얼굴은 하얗고 고상해 보였다. 칠 대 삼으로 말끔하게 가르마를 탄 머리는 탈색한 것처럼 새하얬다. 게다가 살짝 웨이브가 들어간 머리카락은 왕년에 청순했던 여배우 같기도 했다.

두 사람은 얼굴을 맞대고 뭔가 귓속말을 하다가 가만히 손을 잡고는 넘어지지 않도록 서로 신경을 쓰면서 소파가 있는 휴게실 쪽으로 걸어갔다.

노인끼리 서로 손을 잡는다. 딱히 부자연스러운 일은 아니지만, 아버지의 성격을 생각하면 역시 위화감이 느껴졌다.

"저기 죄송한데, 저 분… 여자 아니시죠?"

내가 낮은 목소리로 물어보자 이누이 씨는 씁쓸하게 웃었다.

"네, 얼핏 보면 여자처럼 보이죠? 시모쿠라라는 남자분이세요. 약 반년 전에 부인이 먼저 돌아가시고 이번 달에 저희 시설에 들어오셨어요."

"그렇군요. 처지가 비슷하면 자연스럽게 서로 끌리는 뭔가가 있는 걸까요?"

나는 천천히 걸어가는 두 사람의 뒷모습을 바라보면서 문득 아버지도 젊었을 때는 어머니와 손을 잡고 걸었는지 궁금해졌다.

아버지는 언제나 앞서 걸었고 어머니는 두세 걸음 뒤에서 따라갔다. 손을 잡기는커녕 나란히 걷지도 않았다. 어린 시절의 기억을 아무리 되짚어보아도 그런 모습밖에는 떠오르지 않는다.

나는 아버지의 방에 가서 세탁한 속옷과 갈아입을 옷을 옷장에 넣어두고, 볼펜을 들어 벽에 걸린 달력에 '시모쿠라 씨와 친구가 되다'라고 적은 뒤 방을 나왔다.

홀에서는 여전히 아버지와 시모쿠라 씨가 휴게실 소파에 앉아 뭔가 즐겁게 이야기하고 있었다. 나는 인사를 하고 돌아가려고 했지만, 가까이 가기가 주저될 정도였다.

나중에 아버지에게 물어보니, 시모쿠라 씨는 아버지와 동갑이고 스물한 살에 징집되어 중국으로 파병을 나갔었다고 했다. 정말 아버지와 비슷한 경험을 가지고 있는 사람이었다.

그런 친구가 생겼어도 아버지는 "그럼 또 올게요"라는

작별 인사에 얼굴을 찡그리고 울음을 터뜨리기 직전의 어린아이 같은 표정을 지었다. 시설에 들어간 지 세 달이 지났어도 그런 반응은 전혀 달라지지 않았다. 아버지는 결코 시설의 생활에 익숙해지지 못했다. 늘 "이봐 류지, 대체 언제 집에 갈 수 있는 거냐!"라고 흥분하며 말하곤 했다.

그런 아버지의 절절한 하소연은 나에게 무거운 짐이었다. 하지만 그보다 더 마음에 걸리는 일이 있었는데, 간병노인보건시설에는 '6개월의 벽'이라는 것이 있다는 사실이었다.

그날, 나는 아버지의 속옷을 세탁기에 돌려놓고 일 층에 있는 사무실로 향했다. 전날 지원상담원인 가키누마 씨에게 앞으로의 계획에 대해 상의를 하고 싶다는 전화를 받았기 때문이었다.

"자 이쪽으로 오세요." 응접실로 안내되어 마주하고 소파에 앉자, 가키누마 씨가 대형 파일을 펼쳤다.

"그럼 바로 본론으로 들어가겠습니다. 모리타 씨, 전화로 말씀드린 건에 대해서 어떻게 생각하십니까?"

갑작스러운 질문에 말문이 막혔다. 입소 계약서를 작성하면서 설명을 들은 이후, 가키누마 씨와는 가벼운 인사를 주고받는 정도가 다였고 제대로 된 대화를 나눈 적은 없었다. 그 때문인지 전날 통화를 하면서도 이야기의 요점을 제대로 파악할 수 없었다.

"저기, 아버지의 앞으로의 계획… 말씀이신 거죠?"

"네, 아버님께서 들어오신 지 3개월이 지났습니다. 희망원에서는 3개월마다 한 번씩 계속 계실지 여부를 확인하고 있습니다."

"네?" 나도 모르게 목소리가 커졌다. "입소 계약서에 그런 내용은 적혀 있지 않잖아요?"

"네, 명기는 되어 있지 않지만…."

잠시 말을 끊었던 가키누마 씨는 시선을 피하지 않고 침착하게 설명을 이어갔다.

"잘 알고 계시겠지만 간병노인보건시설은 병원과 주택의 중간 성격인 시설입니다. 마비나 부상 등의 증상이 안정된 고령자를 원칙적으로 최대 6개월간 입소시켜서, 기능회복훈련과 일상생활훈련 등을 통해 가족이 기다리고 있는 익숙하고 편안한 가정으로 하루빨리 복귀할 수 있도록 도와드리고 있습니다. 그렇기 때문에 장기간의 이용에 대해서는…."

"잠깐만요." 나는 말했다. "그건 알고 있습니다. 하지만 3개월 뒤에 갑자기 나가달라고 하면 곤란합니다."

"물론 그런 일은 없습니다. 오늘은 입소 3개월째가 되는 시점이어서 아버님의 간병을 앞으로 어떻게 하실 생각이신지, 모리타 씨의 의견을 듣고 싶었습니다."

"그렇습니까." 나는 고개를 끄덕이고 짧은 한숨을 내쉬었다.

케어매니저인 모리미 씨는 자택에서 간병할 수 없다면 아버님의 마지막 거처를 찾을 필요가 있다고 말했었다. 물론 그 말은 잊지 않았다. 그 문제로 고민하지 않은 날이 없을 정도였지만 오히려 그래서 최대한 생각하지 않으려고 노력했었다.

노리코의 퇴원은 전혀 가망이 없었다. 만약 퇴원을 하더라도 동생이 아버지를 돌보면서 제대로 생활할 수 있다는 보증은 없었다. 내가 살고 있는 집은 엘리베이터도 없는 오래된 공동주택의 사 층이었다. 아버지가 계단을 걸어서 올라가는 일은 거의 불가능했다. 아니 그보다 더 큰 문제는 거실을 제외한 세 개의 방이 이미 내 작업실, 대학생 아들의 방, 부부침실로 쓰이고 있어서 아버지를 위한 공간을 확보할 수가 없다는 것이었다.

방도 더 많은 본가를 빈집으로 놔두고 좁은 공동주택에서 불편하고 답답하게 아버지와 동거하는 상황은 주객이 전도된 느낌도 들었다. 무엇보다 아버지는 자기 집에서 살고 싶어 했다.

　"미안합니다." 나는 머리를 숙이고 솔직하게 말했다. "어떻게 하면 좋을지, 어떻게 하는 것이 아버지를 위해서 가장 좋은 선택일지 전혀 짐작이 가지 않습니다. 이 시설에 들어오고 겨우 한숨을 돌리고 있었는데 벌써 3개월이 지나버렸군요. 정말 눈 깜짝할 순간에…."

　"네 이해합니다. 모리타 씨는 집필 때문에 많이 바쁘시니까 무리도 아니라고 생각합니다. 하지만 앞으로의 계획에 대해서도 어느 정도 검토할 시간이 있으셨을 겁니다. 이 3개월 동안에."

　가키누마 씨의 말투는 상냥했지만 그 내용은 의외로 가차 없었다.

　나는 그렇다고 수긍했다. 확실히 잘못은 문제를 뒤로 미루고 있던 나에게 있었다. 긴급한 피난의 감각으로 희망원에 입소했기 때문에 이 시설의 역할을 정확히 이해했다고도 할 수 없었다. 그래도 아버지의 간병에 대해서는 삼 년 뒤, 오 년 뒤까지 내다보면서 검토해야 했다. 어깨를 내리누르는 묵직한 중압감이 느껴졌다.

"가키누마 씨." 나는 도움을 요청하는 심정으로 입을 열었다. "조금 전에 가정으로 하루빨리 복귀할 수 있도록 훈련하고 도와주는 것이 이 시설의 목적이라고 말씀하셨지만 입소하고 3개월이 지난 지금 시점에서 아버지는 아직 그 단계에 도달하지 못했지요?"

"네, 식사나 화장실을 혼자서 해결하실 수 있지만 치매가 상당히 진행된 상태라서 낮에 혼자 계시는 것은 불안합니다."

"하지만 그건 반년 뒤에도 똑같잖아요? 오히려 치매가 더 심해질지도 몰라요."

"그렇기 때문에, 모리타 씨, 아버님의 앞으로의 간병에 대해서 고려할 때, 예를 들면 심신에 장애가 있는 고령자를 위한 특별양호 양로원, 치매 고령자 그룹 홈, 사설 케어시설 등의 다양한 시설 유형이 있잖아요. 그런 곳들은 견학해 보셨나요?"

"아니요." 나는 고개를 저었다.

"그렇군요." 가키누마 씨는 아버지의 파일로 시선을 돌리고 더 이상 말하지 않았다.

"어쨌든 가족분들의 사정이나 또 입소자 본인의 희망도 있으실 테니까. 모리타 씨, 3개월 뒤에 다시 구체적인 생각을 들려주십시오."

"3개월 뒤에… 알겠습니다" 나는 고개를 끄덕이고 "어디까지나 만약의 경우입니다만…"이라고 말을 이었다. "특별양호 양로원에 들어가는 경우, 대기자가 구백 명 정도 있기 때문에 입소까지 이삼 년은 기다려야 한다고 케어매니저분께서 말씀하셨는데요."

"네, 현재는 그런 상태인 것 같습니다."

"실제로 입소할 수 있는 시점이 삼 년 뒤라면, 그때까지는 어떻게 해야 합니까?"

"그러니까 정식으로 특별양호 양로원에 입소 신청을 하시는 등의 대처를 하시면, 저희 쪽에서도 저희 나름대로…"

갑자기 가키누마 씨가 말끝을 흐렸다. 나는 무심코 몸을 앞으로 내밀었다.

"한마디로 입소 신청 수속을 밟으면, 특별양호 양로원에 자리가 날 때까지 계속 여기 있을 수 있는 거죠?"

가키누마 씨는 살짝 곤란한 표정을 지으며 상사의 책상

쪽을 흘낏 쳐다봤다.

"입소 기간은 어디까지나 6개월이 원칙이기 때문에 그 부분에 대해서는 뭐라고 말씀드리기가…."

특별양호 양로원 입소는 어디까지나 가정에 불과할 뿐 여기서 입씨름을 해도 아무 소용이 없다는 생각에 나는 담담하게 알겠다고 말했다. "이것저것 고려해보겠습니다. 앞으로도 상담 부탁드립니다."

"네, 편하게 연락주세요."

가키누마 씨는 웃으면서 소파에서 몸을 일으켰다.

입소 기간은 6개월이 원칙이라고 가키누마 씨는 거듭 강조했지만 분명히 예외는 있을 터였다. 그렇기 때문에 입소 계약서에 명시되어 있지 않은 것이리라는 생각이 들었다.

3개월 뒤에는 반드시 결정을 내려야 했지만 특별양호 양로원에 들어가도록 아버지를 설득할 자신은 없었다. 아버지 스스로 특별양호 양로원에 들어가겠다는 말을 꺼내지 않는 한 어떤 결론도 나지 않을 것 같았다.

6장

엑스레이를 찍는 동안
친구가 사라졌다

드디어 '6개월의 벽'이 코앞에 닥쳐왔을 무렵, 동생이 일주일 동안 시험외박을 나오게 되었다.

주치의는 자택에서 일주일 동안 생활해보고 특별한 문제가 없으면 퇴원 수속을 밟자고 말했다. 10개월 동안 입원 생활을 하면서 노리코의 정신 상태가 안정되었다고 했다.

노리코의 시험외박 기간에 아버지도 함께 집으로 돌아왔다. 나는 그 일주일 동안 신경 쓸 일이 너무 많아 일이 거의 손에 잡히지 않았다.

그도 그럴 것이 동생은 하루에 다섯 번으로 나누어 약을 복용하는데, 한 번이라도 거르면 상태가 나빠졌다. 나는 매일 본가에 가서 동생이 제대로 약을 먹고 있는지 확인해야 했다. 어느 날은 본가에서 집으로 돌아오자마자 노리코에게 전화가 왔다. 아버지가 욕실에서 넘어졌다는 말을 듣고 당장 차를 몰아 본가로 되돌아가보니, 다행히 아버지는 살짝 엉덩방아를 찧은 정도였다. 시설에서 술을 한 모금도 마시지 못했던 것에 대한 반발인지 욕조 안에서 술을 마시고 취해서 발이 미끄러진 것이었다. 그렇게 정신없던 일주일이 지나고, 동생은 일단 병원으로 돌아갔다가 정식으로 퇴원하게 되었다.

나는 오랜 고민 끝에 노리코의 퇴원에 맞춰 아버지도 동시에 시설의 퇴소 수속을 밟았다. 아버지와 동생은 각자 혼자서는 살아갈 수 없지만, 둘이서 함께라면 어떻게든 살아갈 수 있을 것 같았다. 그것이 내 마지막 희망이었다.

"노리코 씨, 퇴원 축하해요." 주치의가 다정하게 말했다. 그러자 노리코도 "그동안 고마웠습니다" 하고 평온한 목소리로 대답했다.

그러나 아버지와 셋이서 차를 타고 병원 주차장을 빠져나온 순간, 노리코의 태도는 급변했다.

"이런 병원, 이제 다시는 안 올 거야!" 동생이 잘라 말했다.

나는 이제 다시는 입원하지 않겠다는 의사 표시라고 생

각했다. 하지만 동생의 표정은 상당히 험악했다.

"다시는 안 온다니, 노리코. 이제부터는 이 주에 한 번씩 병원에 가야 해."

나는 백미러로 뒷좌석에 앉은 동생을 쳐다보면서 별생각 없이 말했다.

"아니야. 다시는 안 올 거야. 의사 선생님한테는 더 이상 속지 않아." 동생은 단호하게 말했다.

나는 길가에 차를 세웠다. 울고 싶은 심정이었다.

"노리코, 그런 말을 하면 퇴원할 수 없어. 지금 당장 병원으로 돌아가자. 사정을 얘기하면 의사 선생님도 역시 퇴원 결정은 성급했다고 하실 거야. 그럼 돌아간다."

그렇게 말하고 핸들을 돌려 자동차를 유턴시키려고 했을 때, "미안해!" 노리코가 비명처럼 소리를 질렀다.

"미안해. 화내지 마 오빠. 그런 말 하지 마. 이 주에 한 번씩, 꼭 병원에 갈게. 그렇게 할 테니까. 응? 화내지 마. 다시 입원하는 건 싫단 말이야."

노리코는 필사적으로 애원했다.

"알았어. 믿는다." 나는 그렇게 말하고 본가를 향해 차를 몰았다.

다음 날부터 하루걸러 본가에 가서 아버지와 노리코의 상태를 살폈다. 동생은 비교적 안정된 것처럼 보였다. 아버지를 위해서 세 끼 식사를 만드는 건 부담스러울 것 같아서 아버지의 저녁 식사는 배식 서비스를 신청했다. 동생의 식사도 함께 신청하려고 했으나 모처럼 집에 왔으니 먹고 싶은 음식은 자기가 만들고 싶다고 했다. 신나서 쇼핑을 하러 외출하거나 콧노래를 흥얼거리며 음식을 만드는 노리코는 분명히 즐거워 보였다. 나도 일단은 한숨이 놓였다.

그로부터 두 주 뒤의 아침에 차로 데리러 갔을 때도 동생은 저항하지 않고 병원에 갔다. 주치의도 미소를 지으며 "건강해 보이네요. 잘하고 있어요"라고 말했다.

그래서 나는 완전히 마음을 놓아버렸다. 마침 연재소설의 마감이 코앞이기도 해서 그 뒤로 일주일 동안 본가를 찾지 않았던 것이다. 원고를 완성해서 편집자에게 보내고 본가에 갔더니 동생은 이불을 뒤집어쓰고 떨고 있었다. 팔다리도 부자연스럽게 굳어 있었다.

대체 무슨 일이냐고 아버지에게 물었더니, 최근 사흘 정도를 계속 누워 있다고 대답했다.

"그동안 아무것도 안 먹었어요?"

깜짝 놀라서 묻자 아버지는 "내 도시락을 절반 나눠 주고 있어"라고 대답했다. 부엌 식탁 위에는 동생이 사다놓은 식빵과 다양한 빵들이 산더미처럼 쌓여 있었다. 아버지는 자기는 배가 고프면 그걸 먹었지만 노리코는 아마 먹지 않은 것 같다고 말했다.

"아마?" 화가 나서 목소리가 커졌지만 아버지에게 화를 내는 것은 무의미했다. 약봉지를 열어서 내용물을 확인했다. 처방된 약은 2주 치였지만 먹은 것은 처음 이틀뿐이었다. 사흘째부터 닷새 동안은 전혀 먹지 않은 상태였다.

노리코는 약을 제대로 복용하지 않으면 대단히 공격적으로 변하지만 지금은 그럴 기운도 없어서 그저 떨고만 있었다.

아침 식사 후에 먹는 약은 네 종류의 알약과 물약이었다. 나는 1회분이라도 먹이기로 결심했다.

한 알씩 집어서 동생의 입안에 넣고 컵을 입에 댄 뒤 고개를 살짝 기울였다. 물은 대부분 입가로 흘러내렸지만 그런 것을 신경 쓸 여유는 없었다. 간신히 약을 전부 먹인 뒤에 병원에 전화를 걸었다. 주치의에게 사정을 설명하자 당장 데려오라고 말했다.

"전혀 움직이지 못하는 것 같지만, 일단 알겠습니다. 어떻게든 데리고 가겠습니다." 나는 그렇게 말하고 전화를 끊었다. 우선 진정하자고 나 자신을 타일렀다.

병원에 데려간 노리코가 즉석에서 재입원 판정을 받는다면 아버지도 다시 시설 입소를 신청해야만 한다. 그러나 이미 퇴소한 지 삼 주나 지나버렸다. 그 동안 아버지 방에 벌써 다른 이용자가 들어가지는 않았을까? 만약 그렇다면 아버지는 어떻게 해야 하지? 집에서 혼자 지내시게 할수는 없는데…. 이런저런 생각들이 머릿속에 맴돌았다. 하지만 확인해보지 않으면 소용없는 일이었다. 희망원에 전화를 걸려고 하다가 그제야 깨달았다. '그래, 지금이야말로 케어매니저에게 연락을 해야 할 때야!' 나는 모리미 씨에게 전화를 걸었다.

"희망원에 입소할 수 있는지 여부는 지금부터 제가 확인하겠습니다. 노리코의 입원이 정식으로 결정되면 바로 전화해주세요." 모리미 씨가 말했다.

"만약 빈자리가 4인실밖에 없더라도 아버지를 설득하겠습니다. 부탁드립니다."

나는 그렇게 말하고 전화를 끊었다. 희망원에 입소하면

서도 아버지는 다른 사람과 방을 같이 쓰는 것만은 절대 싫다고 고집을 부려서 1인실을 선택했었다.

약을 먹은 지 삼십 분 정도 지나자 약효가 나타나기 시작했는지 노리코의 굳었던 손발이 조금씩 풀리기 시작했다. 하지만 떨림은 전혀 가라앉지 않았다.

"일어설 수 있을 것 같아?" 동생의 등에 손을 대고 상반신을 일으켜 세우려고 했지만 몸이 경직돼 있는 터라 움직이지 않았다. 생전 처음 겪는 일이라서 이런 경우에 구급차를 불러도 되는지조차 전혀 감이 잡히지 않았지만 119에 전화를 걸었다.

동생을 정신병원까지 데려다달라고 말했더니 전화를 받은 직원은 대답을 망설였다. 그러나 목적지가 삼 주 전까지 입원해 있었던 병원이라고 사정을 설명하자 태도를 바꾸어 구급차가 출동하도록 처리해주었다. 그 직원은 정신병원 입원을 거부하는 환자를 강제로 이송하도록 도와달라는 전화로 의심했을 수도 있다.

동생은 결국 구급차로 이송되어 그 즉시 입원하게 되었고, 그다음 날 아버지도 무사히 희망원에 입소할 수 있었다. 그러나 이것은 행운 같은 우연의 산물이었다.

아버지가 머물렀던 1인실에는 이미 다른 이용자가 들어가 있었다. 그러나 다행히도 약 일주일 전에 또 다른 1인실에 자리가 난 상태였다. 자리가 난 시점에 십여 명의 입소 희망자가 있었지만 모두 4인실을 원했기 때문에 1인실이 계속 비어 있을 수 있었던 것이다.

4인실은 개호보험의 일부를 부담하고 식비와 일용품비만 지불하면 되지만 1인실은 그 외에도 하루에 이천 엔씩, 한 달에 육만 엔의 이용료가 추가된다. 아버지의 경우에는 1인실 이용료를 더한 금액까지도 공무원 공제 조합의 연금으로 지불할 수 있는 범위였기 때문에 가계를 압박하는 문제는 없었다.

돈 이야기를 조금 더 해보면, 동생의 입원비는 아버지의 예금으로 지불했다. 만약 아버지에게 그런 저금이 없었다면 내 예금에서 충당할 수밖에 없었을 테고, 경제적으로 더 힘든 상황에 처했을 것이다.

그렇게 아버지는 다시 희망원에서 생활하게 되었다. 아이러니하게도 이것으로 '6개월의 벽'은 일단 사라졌다. 정식으로 퇴소 수속을 밟고 다시 입소 수속을 했기 때문에 입소 기한이 재입소일부터 다시 6개월 뒤로 연장된 것이다.

그러나 노리코가 겨우 삼 주 만에 다시 입원했다는 사실에 큰 충격을 받았는지, 아버지는 완전히 식욕을 잃어버려 식사의 반 이상을 남기기 시작했다. 직원에게 그런 이야기를 들은 나는 아버지가 좋아하는 매실 장아찌와 김조림, 복숭아와 포도 같은 과일을 보내봤지만 아버지의 식욕은 돌아오지 않았다. 아버지는 식사 시간이 아니면 방에 틀어박히는 생활을 했다. 오후 세 시의 간식 시간에도 직원이 아무리 불러도 나오지 않았고 밤에도 잠을 거의 못 자는 것 같았다. 체중도 줄었다.

식욕이 없다. 잠을 못 잔다. 모든 일에 전혀 의욕이 없다. 지금 와서 생각해보면, 아버지는 전형적인 우울증을 겪고 있었다. 하지만 통로를 천천히 걷기만 하는 보행훈련마저도 거부하며 그저 방에만 틀어박혀 있는 아버지를 보면서 나는 깊은 무력감을 느꼈다.

가을이 깊어져 이윽고 초겨울의 찬바람이 불어올 때, 아버지는 간신히 식욕을 되찾았고 밤에도 숙면을 취할 수 있게 되었다. 나는 주말이 되면 아내와 함께 희망원에 갔다. 아내가 빨래방에서 빨래를 하는 동안 아버지와 함께 동생의 병원을 찾아갔다. 셋이서 식당 한편에 앉아 쇼트케이크를 먹으면서 짧은 대화를 나누고 희망원으로 돌아왔다. 주말마다 같은 일을 반복했다.

그렇게 연말이 다가오던 어느 날, 희망원에서 걸려온 전화 한 통으로 다시 정신없는 날들이 시작되었다.

아버지가 고열에 시달리고 있었다. 열이 나기 시작한 것은 나흘 전이었다. 일단 열은 떨어졌지만 그저께 저녁부터 밤 내내 다시 39도를 넘겼다고 했다. 밤새 약을 투여하고 몸을 식히면 아침에는 미열 정도까지 떨어졌지만 저녁이 되면 다시 열이 오르는 상태가 반복되고 있었다.

"열이 높지만 식욕은 있으셔서 점심 식사도 반 이상 드셨습니다. 체력은 떨어지지 않았다고 생각됩니다만 저녁이 되면 얼굴이 빨갛게 달아올라서 걱정이 많이 됩니다."

간병사는 아버지의 상태를 전화로 자세히 설명해주었다.

"모쪼록 잘 부탁드립니다." 전화기에 대고 몇 번이나 머리를 숙이면서, 희망원에 아버지를 모실 수 있어서 정말 다행이라고 생각했다.

그러나 스물네 시간 경계 태세로 간병을 받을 수 있는 시설에 감사드린 것도 한순간이었다. 다음 날 오전 열 시 반쯤 간병사에게 전화가 왔다. 아침이 돼도 열이 떨어지지 않는다고, 폐렴의 가능성도 있으니 병원에 가서 진찰을 받으라고 했다.

"오늘 하루, 그쪽에서 상태를 살펴보고 그래도 열이 떨어지지 않으면…."

그렇게 말하는데 상대방이 분명하게 잘라 말했다.

"모리타 씨, 이곳은 병원이 아닙니다. 간병은 할 수 있지만 의료행위는 할 수 없어요. 아버님의 상태가 심각해지기 전에 빨리 의사에게 가보세요."

"저기… 이런 부탁을 드려도 되는지 모르겠지만, 그쪽 직원분께서 병원에 데려가주실 수는 없나요?"

내가 사정하며 매달렸던 데는 이유가 있었다. 그날은 한 잡지사에서 의뢰받은 서평의 마감이었다. 그런데 다른 원고의 마감과 겹치는 바람에 아직 한 줄도 쓰지 못하고 있었다.

하지만 상대방은 물러서지 않았다. 가능하다면 그렇게 해드리고 싶지만, 직원 수에도 한계가 있기 때문에 병원 진찰은 가족분들에게 부탁하고 있다고 말했다.

"알겠습니다. 최대한 빨리 가도록 하겠습니다." 나는 전화를 끊었다.

희망원에서는 이미 일주일 전부터 다섯 명의 이용자가 감기 증상을 보이고 있다고 들었다. 아버지는 시설 내부에서 감염된 것이 틀림없었다. 하지만 정말 폐렴이라면 큰일이었다.

시내의 종합병원 홈페이지에 들어가니 오전 접수는 정오까지, 오후 접수는 두 시부터라고 적혀 있었다. 지금 당장 희망원에 가서 아버지를 병원으로 모셔 간다고 해도 오전 접수는 불가능했다.

나는 컴퓨터 앞에 앉아서 서평을 쓰기 시작했다. 그러나 계속 시간을 신경 쓰느라 원고를 거의 쓰지 못했다. 써야 할 분량은 원고지로 일곱 장, 서평치고는 많은 양이었다.

퍼뜩 정신을 차려보니 이미 정오였다. 아직 한 장도 채 되지 않는 도입 부분을 인쇄해 서평을 쓸 단행본 사이에 끼워서 가방에 넣고 집을 나섰다. 지독하게 추운 날이었다. 밖에는 차가운 바람이 휘몰아치고 있어서 기온은 5도 정도밖에 되지 않았다.

차를 달려 희망원으로 향했다. 엘리베이터를 타고 이 층으로 올라갔더니 "전달 사항입니다. 병원 접수처에 전해주세요"라며 직원이 봉투를 내밀었다.

봉투에는 '정보 제공서'라고 적혀 있었다. 나는 그것을 받아 들고 아버지의 방에 들어갔다.

아버지는 침대에 똑바로 누운 채 얼굴만 돌려 내 쪽을 봤다. 눈은 젖어 있고 호흡은 거칠었다.

"아버지, 기다렸죠? 지금부터 병원에 갈 거예요."

내가 말하자 아버지는 겁먹은 눈빛으로 "왜 다른 병원에?"라고 물었다.

희망원은 간병시설이라고 수십 번 설명했지만 아버지는 여전히 병원이라고 생각했다. 그렇기 때문에 갑자기 다른 병원으로 옮기는 이유가 무엇인지 불안해진 것이다.

"의사에게 진찰을 받고 나면 바로 돌아올 수 있어요. 걱정하지 마세요."

나는 그렇게 말하면서 봉투의 내용물을 살펴보았다. 아버지가 과거에 앓았던 병력 같은 기초정보, 최근 며칠간의 체온과 혈압에 대한 기록, 그리고 '폐렴이 의심스러움'이라는 문장이 눈에 들어왔다.

나는 아버지를 병원에 모셔 가서 진찰을 받는다는 생각뿐이었다. 처방해준 약을 받아서 저녁에는 희망원으로 돌아올 수 있다고 생각했다. 그래도 만에 하나 입원할 경우를 대비해 옷장에서 갈아입을 속옷과 잠옷을 꺼냈다.

"왜 다른 병원에…." 아버지가 다시 물어봤지만 나는 못 들은 척하고 수건과 물컵, 세면도구, 알람시계 등 입원생활에 필요할 것 같은 물건들을 손에 닿는 대로 쇼핑백에 쑤셔 넣었다.

문을 살짝 노크하는 소리가 들리고 이누이 씨가 휠체어를 밀면서 들어왔다.

"오후 외래 진료는 몇 시부터예요?"

"접수는 두 시부터예요."

"아직 시간이 있네요. 속옷을 갈아입힐게요."

이누이 씨는 아버지의 어깨를 안고 상반신을 일으켜서 잠옷과 속옷을 벗긴 뒤에 땀에 젖은 몸을 수건으로 닦아주었다. 아버지는 기분이 좋은 것처럼 눈을 가늘게 뜨고 있었다. 옷을 다 갈아입자, 이누이 씨는 아버지를 휠체어에 앉혀서 방을 나섰다. 나는 쇼핑백을 들고 그 뒤를 따랐다.

서비스 스테이션에서 체온을 재보니 38.2도였다. 병원 로비에서 순서를 기다리는 동안에 더 올라갈 수도 있었다.

나는 우선적으로 진찰을 받을 수는 없는지 지원상담원

가키누마 씨에게 물었다. 가키누마 씨는 바로 병원에 전화를 걸어 사정을 설명했다. 그러나 전화를 끊은 가키누마 씨는 "일단 부탁은 해봤지만…"이라고 말할 뿐이었다.

병원까지는 희망원에서 몇 킬로 거리라서 시간이 얼마 걸리지 않았다. 한 시 반에 도착한 병원 로비의 긴 의자는 이미 수십 명의 외래 환자로 북적이고 있었다.

아버지는 고열에 폐렴이 의심스러운 상태였다. 나는 아버지가 어디 누워서 기다릴 수 있게 해달라고 접수처의 직원에게 부탁했다. 이십 분 정도 기다려서야 겨우 응급처치실의 간이침대를 빌릴 수 있었다. 아버지를 안아 올려 침대 위에 조심스레 눕히고 담요를 덮어주자 바로 눈을 감았다. 얼마 지나지 않아 간호사가 와서 "체온을 재겠습니다"라고 말하고 아버지의 겨드랑이 밑에 체온계를 끼웠다. 그러나 십 분, 이십 분이 지나도 간호사는 돌아오지 않았다. 나는 지나가는 다른 간호사를 불러 세워서 체온계를 내밀었다. "38.6도나 돼요. 의사 선생님께 알려주세요." 나는 애원하며 말했다.

"잠깐 기다리세요." 간호사는 체온을 메모하고 빠른 걸음으로 가버렸다.

응급처치실이라고 하지만, 그곳은 안쪽에 있는 진찰실로 가는 통로이기도 했다. 때때로 문이 열리고 의사와 간호사가 아버지의 침대 옆을 지나갔다. 그때마다 병원 로비에서 웅성거리는 소리가 방으로 흘러 들어왔고 아버지는 깜짝 놀라서 눈을 떴다. 간이침대의 폭은 오십 센티 정도밖에 되지 않아서 돌아누울 수도 없었다.

그 상태로 한 시간을 기다렸지만 아무도 아버지를 부르지 않았다. 여기서 우리가 기다리고 있다는 사실을 잊어버린 것은 아닐까? 불안해진 나는 접수처로 향했다.

"아직인가요?" 내 질문에 접수처 직원은 한순간 놀란 표정을 지었다. 그러나 "모리타 씨의 상태는 이미 의사 선생님께 전달했는데, 오늘은 특히 사람이 많아서…"라고 미안하다는 듯이 말할 뿐이었다.

나는 아버지 옆에 있는 접이식 의자에 앉아서 서평의 원고를 썼다. 처음에는 가지고 간 공책에 펜으로 적기 시작했다. 하지만 간호사들이 계속 왔다 갔다 하는 응급처치실은 너무 어수선해서 문장을 정리할 수가 없었다. 잠시 고민하다가 휴대전화를 사용하기로 했다.

다 읽은 단행본에는 포스트잇이 잔뜩 붙어 있었다. 서평에 인용하고 싶은 부분을 골라서 휴대전화의 메일 화면에 입력했다. 그것을 순서대로 컴퓨터에서 사용하는 메일 계정으로 보냈다. 스마트폰이 아니라 피처폰이라서 화면이 너무 작아 문장 전체를 한눈에 볼 수 없었지만 달리 방법이 없었다. 인용할 문장을 전부 입력한 뒤에는 비판적인 관점에서 언급할 만한 포인트를 요점 정리에 가까운 문장으로 입력했다. 그것을 이백 자 정도의 분량으로 나눠서 다시 컴퓨터 메일 계정으로 보냈다. 집에 돌아가면 이것들을 소재로 문장을 조합하려고 했다. 그 작업에 몰두하면서도 아버지의 이름을 부르는 소리를 못 들은 것은 아닌지 걱정이 된 나는 몇 번이나 접수처에 확인을 했다. 하지만 진찰 순서는 좀처럼 돌아오지 않았다.

드디어 이름이 불렸을 때는 이미 네 시가 지난 시각이었다. 세 시간 가까이를 기다린 셈이었다. 그러나 진찰이라고 해도 의사가 희망원의 정보 제공서를 한번 훑어보고 아버지의 가슴에 살짝 청진기를 가져다 댄 것뿐이었다. 거기까지 일 분도 채 걸리지 않았다.

"이 층에서 채혈과 링거주사, 소변 검사를 하시고 폐의 엑스레이 사진을 찍어 오세요."

의사는 그 말만 남기고 안쪽 진찰실로 돌아갔다.

'먼저 지시를 내려줬으면 기다리는 시간에 채혈이나 엑스레이 촬영을 마칠 수 있었을 텐데'라는 생각이 들었지만 그렇게 하소연해도 아무 소용없는 일이었다.

휠체어에 아버지를 앉혀서 엘리베이터를 타고 이 층으로 올라갔다. 그곳에서도 또 순서를 기다렸다. 전혀 줄어들지 않는 환자들의 줄에 서서 채혈을 하고, 팔에 링거주사관을 끼우고 바퀴가 달린 스탠드를 밀면서 화장실에 들어갔다.

"소변을 받을 거예요." 내가 말했지만 아버지는 휠체어에 멍하니 앉아 있을 뿐이었다.

어쩔 수 없이 아버지의 바지를 내리고 속옷을 벗겼다. 아버지는 축 늘어진 성기를 꺼냈다. 나는 허리를 반쯤 숙이고 종이컵을 가져다 댔지만 아무리 기다려도 소변은 나오지 않았다. 거의 포기했을 때, 찔끔찔끔 소변이 나왔다. 하지만 양이 너무 적었다. 혹시나 하는 마음에 아버지의 아랫배를 살짝 누르자 소변이 쏟아져 나와서 손등으로 따뜻한 소변이 마구 튀었다.

엑스레이 촬영을 마치고 링거주사 관을 끼운 상태로 일 층에 돌아가보니 응급처치실 침대에는 이미 다른 환자가 누워 있었다. 다른 침대를 달라고 부탁했지만 간호사는 "지금 빈자리가 없어서"라고 말하며 자리를 뜨려고 했다.

나는 왜 매달려서 사정을 해야 하는지 이해할 수 없었지만 "휠체어는 너무 힘듭니다. 어디든지 누워 있을 수 있게 해주세요"라고 필사적으로 사정했다. 그렇게 십오 분 정도를 기다려 겨우 진찰실의 빈 침대에 누울 수 있었다. 기차의 침대칸처럼 커튼으로 나뉘어 있었다.

링거주사는 두 시간 정도 걸린다고 했다. 그럼 의사의 진찰은 링거주사를 다 맞은 다음에 받게 되는 건지에 대한 설명이 없어서 전혀 알 수가 없었다. 지나가는 간호사를 불러 세우고 물어보자 "이 층에서 채혈 등을 끝내셨어요? 검사 결과가 나올 때까지 두 시간 정도 걸리기 때문에 진찰은 그 이후에 합니다"라고 알려줬다.

시간은 이제 곧 다섯 시를 바라보고 있었다. 아버지의 잠든 숨소리가 들리기 시작하자 나는 좁은 방을 빠져나와 병원 로비로 되돌아갔다. 점심을 먹지 못했기 때문에 편의점에서 샌드위치라도 사 올까 했지만, 밖에는 차가운 비가 내리고 있었다. 우산을 가지고 오지 않아서 포기할 수밖에 없겠다고 생각하는 순간 병원 정문으로 아내가 들어왔다. 일을 빨리 정리하고 달려와준 것이었다.

나는 아내를 데리고 아버지가 계시는 곳으로 돌아갔다. 아버지는 한쪽 손을 짚으며 일어나려고 했다.

"안 돼요. 누워 계세요. 링거주사를 맞고 있잖아요."

아버지는 똑바로 누워 링거주사의 관을 원망스럽게 쳐다보면서 "저녁은 아직이야?"라고 물었다.

"다행이네요. 그래도 식욕은 있네요." 아내는 그렇게 말하고 링거주사의 수액팩 라벨에 표시된 성분을 확인했다.

"안 먹으면 잔소리를 들으니까." 아버지가 작은 소리로 중얼거렸다.

"여기는 병원 진찰실이에요. 희망원이 아니라서 저녁 식사는 안 나와요."

아버지는 이해가 안 된다는 표정을 지었지만 금세 꾸벅꾸벅 졸기 시작했다.

그때 휴대전화의 진동이 울렸다. 나는 로비로 나가 전화를 받았다. 희망원 직원이 걸어온 전화였다.

"사람이 많아서 아직 검사 결과도 나오지 않았어요." 나는 말했다.

"그렇습니까? 힘드시겠어요. 결과를 알게 되면, 죄송하지만, 전화를 주지 않으시겠어요? 야간 근무조 직원에게 말씀해주시면 감사하겠습니다."

그렇게 말한 직원은 전화를 끊으려고 했다.

"잠깐만요. 입원할 필요가 없다는 진단을 받으면 여덟 시 넘어서 아버지를 데리고 그쪽으로 돌아갈 예정인데, 조금 늦어져도 괜찮겠죠?"

"모리타 씨, 설명해드렸던 것처럼 열이 나는 동안에는 저희 시설에서 맡을 수가 없습니다."

뭐라고요? 나는 깜짝 놀라 목소리가 커졌다. 대꾸할 말을 찾아봤지만 떠오르지 않았다.

"일단 검사 결과가 나오면 전화하겠습니다." 그렇게 말하고 전화를 끊었다.

혹시라도 입원을 못하게 되면 어떻게 해야 하나…. 아내에게 통화 내용을 알려주자, 아내도 얼굴색이 바뀌어 말을 잃었다. 숨 막히는 시간이 흘러갔다.

여섯 시가 지나자 로비가 어두워졌다. 절전을 위해서 조명의 반을 끈 것이다. 진찰 시간은 다섯 시 반까지였지만 긴 의자에는 아직도 환자 몇 명이 순서를 기다리고 있었다.

원내 안내방송으로 이름이 호명되고 환자가 거의 십 분 간격으로 한 명씩 자리에서 일어섰다. 그리고 마지막 환자가 진찰실에 들어가자 로비에는 사람의 모습이 사라지고 나와 아내 둘만 남겨졌다.

"모리타 씨, 오래 기다리셨습니다." 간호사가 우리를 부른 것은 일곱 시 정각이었다.

나는 아내와 둘이서 진찰실에 들어갔다.

"모리타 씨는 폐렴에 걸리셨습니다. 약을 처방해드릴 테니까 이삼일이 지나도 열이 떨어지지 않으면 다시 병원에 오세요. 그때는 입원을 해야 할지도 모릅니다."

의사는 모니터를 향한 채, 이쪽은 보려고도 하지 않았다.

"선생님." 내가 입을 열었다. "노인보건시설에서는 열이 있는 동안에는 맡아줄 수 없다고 했습니다. 입원하지 못하면 집으로 갈 수밖에 없는데 밖에는 비가 내리고 있습니다. 아버지는 열이 38.6도나 됩니다. 이런 추운 밤에 밖에 나가면 열이 더 높아질 것 같아서 걱정이 됩니다. 입원을 시켜주시면 안 되겠습니까?"

"아니, 그러니까 이삼일이 지나도 열이 떨어지지 않으면 다시 오세요."

의사는 컴퓨터의 진료 기록에 데이터를 입력하면서 같은 말을 되풀이했다.

"그건 어째서인가요? 빈 침대가 없기 때문입니까? 아버지는 열이 38.6도나 됩니다. 비를 맞으면 열이 더 높아질 것 같아서 걱정된단 말입니다."

나는 몸을 조금 앞으로 기울이면서 역시 같은 말로 대답했다.

컴퓨터 작업을 중단하고 피곤해서 푹 꺼진 눈꺼풀을 손가락 끝으로 마사지하던 의사는 얼마 뒤에 겨우 이쪽을 돌아봤다.

"그럼 말이죠, 이미 접수 업무가 끝나버렸으니 내일 오전 아홉 시에 입원하는 건 어떻습니까? 그때까지 모리타 씨의 입원 준비를 끝내두겠습니다."

아내는 어쩔 수 없다는 표정으로 나를 쳐다봤지만 나는 납득할 수 없었다.

"선생님, 트집을 잡는 것처럼 들릴 수도 있겠지만 이 병원에 온 지 벌써 여섯 시간이나 지났습니다. 그동안 계속 진찰 순서를 기다렸습니다. 입원실이 만실은 아니죠? 빈자리가 있는 거잖아요? 오늘, 그러니까 지금부터 입원할 수는 없습니까?"

쏟아지는 빗속에서 아버지가 공동주택의 외부계단으로 사 층까지 올라가는 일은 불가능했다. 오늘 밤 입원할 수 없다면 결국 아버지를 본가로 데리고 갈 수밖에 없었다. 이불을 펴고 아버지를 재운 뒤에 곧바로 집에 가서 컴퓨터를 가지고 본가로 돌아간다. 그리고 아버지의 곁을 지키면서 서평을 쓴다. 본가에는 인터넷선이 깔려 있지 않기 때문에 아침 일찍 집에 가서 출판사에 원고를 보내고 다시 본가로 돌아가서 아버지를 데리고 아홉 시까지 병원에 간다.

나는 그런 일들을 순서대로 생각하면서 의사의 얼굴을 정면으로 뚫어지게 쳐다보고 있었다.

"알겠습니다. 지금부터 임시 입원 수속을 하겠습니다. 정식 입원 수속은 내일 아침 아홉 시에 하세요."

의사는 끈기에 졌다는 듯이 말하고 간호사를 불러 그렇게 하도록 지시했다.

"잘 부탁드립니다." 고개를 숙이고 진찰실을 나온 나는 곧바로 희망원에 전화를 걸어서 입원하게 된 정황을 야간 근무조 직원에게 설명했다.

"그렇게 됐군요. 몸조리 잘하세요." 그렇게 말한 직원은 잠시 간격을 두었다가 말을 이었다.

"그럼 이삼일 안이라도 괜찮으니까 방의 짐을 가지러 오세요."

"네? 그건 무슨 말씀이신가요?" 나는 깜짝 놀라서 물었다.

"이용자분께서 입원하시는 경우에는 원칙상 일단 퇴소하게 되어 있습니다."

처음 듣는 이야기였다.

"저기, 퇴원하면 다시 입소할 수 있는 거죠?" 만약을 위해서 확인했다.

"단기간 입원이라면 가능할 것 같지만, 저는 현장에서 일하는 사람이라서… 앞으로의 일에 대해서는 지원상담원에게 문의해주세요."

단기간이라는 것은 어느 정도의 기간을 말하는지? 입원기간 중에 희망원의 이용요금을 계속 지불하면 방을 확보해둘 수 있는지? 나는 그런 것들을 물어보고 싶었지만, 지원상담원에게 문의하라는 대답만 돌아올 것 같았다.

"짐은 토요일이나 일요일에 가지러 가겠습니다." 나는 그말만 하고 전화를 끊었다.

병실 침대의 준비가 끝났는지, 간호사가 아버지를 휠체어에 태워서 병실로 데리고 갔다.

비상등만 켜놓은 어두컴컴한 로비에서 기다리고 있는 동안, 다른 간호사가 다가와서 입원 신청서 등의 서류들을 내밀며 "설명서 내용대로 기입하셔서 내일 아침 접수처에 제출해주세요. 식사는 점심부터 제공됩니다"라고 말하고 빠른 걸음으로 자리를 떴다.

"그렇구나." 아내가 작게 말했다. "지금 시간이 이러니까 저녁 식사는 벌써 끝났을 거라고 예상했지만, 내일 아침 식사도 나오지 않는구나. 정식으로 입원 수속을 마치지 않았으니까."

그래서 우리는 슈퍼에 들러 튜브에 든 젤리, 요구르트, 바나나 등을 사서 병원으로 돌아왔다. 아버지의 병실에 들어가보니 방은 4인실이었고, 같은 방을 쓰는 다른 세 명은 이미 잠들어 있었다.

"아침 아홉 시에 다시 올게요. 배가 고프면 이걸 드세요. 병원 밥은 점심때까지 안 나온대요."

아버지의 귓가에 대고 작은 소리로 말하자 아버지는 고개를 살짝 끄덕거렸다. 하지만 아버지는 자신이 폐렴으로 입원했다는 사실을 모르는 것 같았다. 내일 아침에 눈을 떴을 때, 이곳이 희망원이 아니라는 사실을 알아차리고 당황할 것 같았다. 아버지는 금세 꾸벅꾸벅 졸기 시작했다.

병실을 나오자마자 케어매니저인 모리미 씨에게 아버지의 입원 사실을 아직 알리지 않았다는 것을 깨달았다. 아침일찍 연락해 퇴원후의 재입소에 대해서 상의할 필요가 있었다. 회계 직원에게 초진비를 포함한 진료비를 지불하자창구의 조명도 꺼졌다. 정문은 이미 한참 전에 닫혀 있었다. 간호사의 안내를 받아 우리는 직원용 출구를 통해 병원을 나섰다.

"저기, 언제 돌아갈 수 있어?" 입원하고 일주일이 지나자아버지는 자주 그렇게 물었다. 당연히 집에는 언제 돌아갈수 있느냐는 질문인 줄 알았는데 그게 아니었다. "희망원이 밥도 맛있고, 목욕도 할 수 있으니까"라고 말하는 것이었다.

그렇구나. 어느새 아버지에게는 희망원이 돌아갈 집이되었구나…. 나는 착잡한 마음으로 "치료가 순조롭게 진행되면 일주일 뒤에 퇴원할 수 있대요. 하지만 잘 먹고 건강을 회복하지 않으면 길어질지도 몰라요"라고 대답했다.

아버지는 어쩔 수 없다는 얼굴로 젓가락을 들어 생선조림을 집어서 공기에 담긴 밥을 먹었다. 입으로 가져가면서도 흘리고, 씹으면서도 흘리기 때문에 턱받침은 금세 얼룩투성이가 되었다.

식사가 끝나기를 기다렸다가 "자 옷을 갈아입어요"라고 아버지에게 말했다.

입원 환자의 사생활을 배려해서 네 개의 침대 주위에는 각각 ㄷ자 모양의 커튼이 달려 있었다. 그 커튼을 쳐서 같은 방 사람들의 시선을 차단했다.

두 손을 들게 해서 잠옷 상의를 벗기고 바지를 무릎까지 끌어내리자 숨이 막힐 듯한 냄새가 코를 찔렀다. 러닝셔츠는 목 주변을 중심으로 때와 땀으로 완전히 누렇게 변해 있었고, 내복바지에는 소변의 얼룩이 오래된 지도처럼 그려져 있었다.

조심조심 내복바지를 벗겨내자 속옷의 상태는 더 심각했다. 검게 변한 끈적끈적한 대변이 항문에서 허벅지 안쪽으로 흘러내려서 바싹 마르고 축 처진 피부에 몇 겹으로 층을 이루며 달라붙어 있었다. 나는 나도 모르게 코를 쥐어 막고 토할 것 같은 기분을 참으면서 물티슈를 몇 장이나 사용해 아버지의 더러워진 엉덩이를 닦은 뒤 새 속옷으로 갈아입혔다. 아버지는 눈을 마주치기가 부끄러운지 다른 쪽을 보고 있었다.

"어때요? 기분 좋지요?"

방금 세탁한 속옷과 잠옷으로 갈아입히고 말을 건네자 아버지는 "그래 그렇구나"라고 대답하고 침대에 누웠다.

입원할 때, 병원에서는 갈아입을 옷과 속옷을 준비해달라고 얘기했다. 그 이야기를 듣고 한 세트를 챙겨서 옷장에 넣어뒀는데 이럴 거면 대체 왜 그런 말을 했는지 의문이 들었다. 간병시설이 아니라서 간호사는 아버지의 속옷을 갈아입혀주지 않는 걸까? 말도 안 되는 일이라고 생각했지만 당시의 나는 간호 스테이션에 가서 문의할 기력도 없었다.

실금을 했는지 아니면 용변을 보고 난 뒤에 닦는 것을 잊어버렸는지는 알 수 없다. 하지만 혼자 힘으로 걸어서 화장실에 가서 용변을 볼 수 있으면서 어째서 대소변 범벅이 된 속옷은 갈아입지 않을까? 그 정도로 치매가 진행된 것일까? 나는 아버지가 지금 어떤 상태인지 도저히 짐작이 가지 않았다.

나는 비닐봉지를 두 장 겹쳐서 더러워진 속옷과 사용한 물티슈를 넣고 봉지 입구를 꽉 묶은 뒤에 병실을 나왔다. 세면실 개수대 아래에 플라스틱 양동이의 쓰레기통이 있었다. 뚜껑을 열어 비닐봉지를 던져 넣고, 구비되어 있는 비누로 꼼꼼히 손을 닦았다.

아버지는 16일이나 입원해 있었다. 그래도 연말연시가 낀 정신없는 시기에 입원했던 것이 천만다행이었다. 그 기간에는 1인실 입소 희망자가 없었기 때문이다. 덕분에 아버지는 무사히 희망원으로 돌아갈 수 있었다.

그러나 입원해 있는 사이에 아버지에게 가슴 아픈 일이 생겨버렸다.

"없어졌어. 엑스레이를 찍는 동안에 없어져버렸어."

아버지는 계속 그렇게 말했다.

"응? 누가?" 하고 물어도 대답이 없었다.

"이런 걸 놔두고 말이야…"

아버지는 손가락으로 종이학을 집어 들고 코를 훌쩍였다.

퇴원하고 시설에 돌아갔을 때, 아버지의 1인실 책상 위에는 그 종이학이 그저 가만히 놓여 있었다. 직원이 장식으로 놓아뒀다고 생각한 나는 거의 신경도 쓰지 않았다. 그런데 손에 들고 살펴보니 종이학 날개에는 빨간 연필로 '사요나라'라고 적혀 있었다.

나는 이누이 씨가 한가해지기를 기다렸다가 그 종이학에 대해서 물어보았다.

아버지가 입원하고 있는 동안 아버지와 사이가 좋았던 바로 그 시모쿠라 씨가 퇴소한 것이었다.

"시모쿠라 씨가 열심히 접었어요. 모리타 씨를 위해서." 이누이 씨가 그렇게 말하면서 종이학을 건네주자 아버지는 얼굴을 일그러뜨리며 울음을 터뜨렸다고 했다.

"시모쿠라 씨는 병 때문에 입원하신 건가요?" 내 질문에 이누이 씨는 "이용자의 사생활에 관련된 부분이라서 자세히는 알려드릴 수 없지만…"이라고 말하면서도 "임종간호가 가능한 시설로 옮기셨어요"라고 작은 소리로 알려주었다.

임종간호라는 것은 죽음에 이르는 고통을 최대한 줄이는 것이 목적인 종말기(질병, 노쇠, 사고 등으로 인해 죽음으로 향하는 인생 최후의 시기 – 옮긴이)의 간호를 말한다. 나는 대답할 말을 찾지 못하고 잠자코 고개를 끄덕였다.

"엑스레이를 찍는 동안에 없어져버렸어."

그 뒤로도 아버지는 내가 희망원에 갈 때마다 그렇게 말했다.

"분명히 병원에서 엑스레이를 찍었지만, 아버지는 폐렴에 걸려서 16일 동안 입원해 있었어요."

"입원…." 아버지는 계속 그 말을 반복했다.

기억을 못하는 거냐고 묻고 싶었지만 꾹 눌러 참았다.

"생각 안 나요? 옆 침대에는 여든이 넘은 할아버지가 있었고, 창가 안쪽 침대에는 마흔쯤 되는 남자가 있었는데 항상 부인이 옆에 붙어 있었잖아요."

그래, 그랬다고 아버지가 고개를 끄덕였다.

"그래. 폐렴으로 입원했었어. 엑스레이를 찍고 있는 동안에 없어져버리다니."

"아버지, 시모쿠라 씨와 사이가 정말 좋았군요."

"시계방 견습생으로 들어가서 더부살이를 하면서 일하느라 고생을 했어. 부인이 죽고 딸이 시집을 가서 외톨이가 되어버렸지. 불쌍하게도…."

"많은 이야기를 했네요."

내가 감동해서 그렇게 말하자 아버지는 가만히 손을 쳐다보면서 '가위 바위 보' 하고 손가락의 움직임을 확인한 뒤에 갑자기 화제를 돌렸다.

"가마타도 죽어버렸어. 택시 운전사였던."

"그런 친구가 있었어요?"

"같이 자주 강에 갔었지."

"아, 낚시 친구셨군요. 그건 언제 얘기예요?"

"그게… 너는 아직 태어나지 않았었지. 가마타가 죽었을 때는."

"뭐예요? 벌써 오십 년도 더 된 얘기였어요? 그 가마타라는 분은 상당히 젊었을 때 돌아가셨네요."

아버지는 의아하다는 표정을 지었다. 그리고 양손의 열 손가락 끝을 마주대서 둥근 원을 만든 다음 좌우의 엄지손가락을 천천히 돌리기 시작했다. 그것은 간식 시간에 하는 손가락 운동이었다. 오른쪽을 돌리고 이어서 왼쪽을 돌리고, 다음에는 집게손가락으로 옮겨간다. 꼭 붙인 좌우의 손가락 끝이 떨어지지 않게 집게손가락을 부들부들 떨면서 아버지는 "아니야, 그렇지 않아"라고 중얼거렸다.

아버지는 점점 더 방에만 틀어박혀 지냈다. 홀에는 많은 노인들이 모여 함께 텔레비전을 보거나 마음이 맞는 사람

과 이야기꽃을 피우고 있었지만, 아버지는 언제나 아무것
도 하지 않고 침대에 걸터앉아서 그저 멍하게 창밖을 바라
보고 있었다.

어느 날, 아버지가 화장실에서 용변을 보고 있는 동안에
나는 별다른 죄의식도 없이 아버지의 일기장을 펼쳤다.

'새벽, 가랑비' '류지 방문' '아침, 대변 조금' '간호사와
산책' 같은 단 한 줄의 일기가 띄엄띄엄 적혀 있었다. 아직
일기를 쓸 기력은 남아 있는 것 같아서 안도하며 페이지를
넘기고 있는데 갑자기 한 문장이 눈에 들어왔다.

'이누이 씨가 정말 좋아'

나는 허둥지둥 일기장을 덮었지만 왠지 마음이 복잡했다.

젊은 시절의 어머니 사진이 들어 있는 앨범을 희망원에
가지고 갔을 때, 아버지가 기뻐하면서 하루 종일 들여다보
고 있다고 이누이 씨가 알려준 적이 있었다. 하지만 그것
과는 다른 의미로 아버지에게도 이런 연애 감정이 남아 있
을 수 있겠다는 생각이 들었다. 집에 돌아온 나는 아내에게
그 이야기를 했다.

"글쎄, 그런 걸까?" 아내는 말했다. "아버님의 경우라면
연애 감정이 아니라 어린아이로 돌아간 것 아닐까?"

"어린아이라니, 사춘기 때로?"

내가 물어보자 아내는 고개를 끄덕였다.

"응, 어쩌면 말이야."

아버지가 어린아이로 돌아간다는 것은 아들에게는 괴로운 일이다. 그러나 아내가 말하는 것처럼 '이누이 씨가 정말 좋아'라는, 연필로 쓴 그 문장에서 아버지의 순수한 마음을 볼 수 있다고 생각하니 오히려 마음이 정화되는 기분이었다. 나이를 먹을수록 사람을 좋아하는 마음이 아무런 이해타산도 없는 천진무구하고 순수한 마음으로 변해간다면 그것은 나이가 든다는 것에 대한 희망과도 이어진다는 생각이 들었다.

그러나 이누이 씨를 향한 아버지의 마음은 나와 아내가 상상한 것과는 달랐을지도 모른다.

그날, 여느 때처럼 희망원을 방문한 나는 문을 두드리고 "아버지?" 하고 불렀다. 그러나 아무 대답도 없었고 방은 텅 비어 있었다. 조금 전까지 누워 있었는지 침대에는 몸 형태의 구김이 남아 있었지만, 아버지의 모습은 어디에도 보이지 않았다.

치매동과는 다르게 일반동의 입소자는 시설 안을 비교

적 자유롭게 이동할 수 있다. 그러나 시설 밖으로는 허락 없이 나갈 수 없었고, 아버지가 혼자서 다른 층에 갔다고 생각하기도 힘들었다. 나는 당황해서 홀로 돌아갔다.

"아버지가 안 계세요. 어디 가셨는지 짐작 가시는 데가 있나요?"

이누이 씨에게 물어보자 그녀는 살짝 웃었다.

"모리타 씨는 발코니에 자주 나가 계세요. 특히 날씨가 좋은 날에는."

"아니, 발코니도 화장실도 다 찾아봤어요."

"안 보이는 곳에 계시는 게 아닐까요?"

이누이 씨는 그렇게 말하고 아버지 방에 들어가서 내리닫이 창을 손가락으로 가리켰다.

"역시 밖에 나가 계시는 것 같네요."

방금 전에는 알아차리지 못했지만 내리닫이 창이 조금 열려서 커튼이 바람에 흔들리고 있었다.

나는 발코니에 나가보고 처음 알게 되었다. 아버지의 방은 맨 끝 방이라서 내리닫이 창이 있는 남쪽은 물론 방에서는 보이지 않는 사각지대인 서쪽에도 발코니가 붙어 있었다. 그곳은 비상구로 이어지는 피난 통로라서 평상시에는 아무도 오지 않았다.

아버지는 그 통로의 손잡이에 기대서 전원 풍경을 물끄러미 바라보고 있었다. 나뭇가지 사이로 내리쬐는 햇볕을 받으면서 우물우물 입을 움직이고 있었다.

조용히 다가가서 '아버지' 하고 부르려던 나는 잠시 멈칫했다. 입을 움직이는 것을 보고 남은 간식이라도 먹고 있나 싶었는데 그게 아니었기 때문이다.

아버지는 누군가를 향해서 열심히 말을 걸고 있었다. 소리가 작아서 들리지는 않았지만 그것은 결코 혼잣말이 아니었다. 아버지는 얼굴을 들고 살짝 위를 쳐다보면서 공중에 떠 있는 눈에 보이지 않는 누군가와 즐겁게 대화를 나누고 있었다.

"그래, 그래"라며 상대방의 말에 고개를 끄덕이고, '후훗' 하고 웃는가 싶더니 손바닥을 귓바퀴에 대고는 "응? 안 들려"라고 말하며 소녀처럼 고개를 갸웃거렸다.

그런 아버지의 모습은 처음 보았다. 보아서는 안 될 것을 보고 말았다는 기분에 무심코 고개를 돌려버렸다. 그러나 언제까지 잠자코 있을 수만도 없었다.

"여기 계셨네요, 아버지." 망설이면서 말을 걸었다.

아버지는 깜짝 놀라서 내 쪽을 봤다. 순간 눈썹을 찡그리고 무서운 표정을 지었지만 곧 평온한 표정으로 돌아왔다. 눈앞에 있는 사람이 자신의 아들이라는 것을 깨닫기까지 이삼 초의 시간이 걸렸다.

"누구랑 이야기하고 계셨어요?"

조심스럽게 물어보자 아버지는 눈꼬리가 휘어지게 웃으면서 부끄러운 듯이 머리를 긁적였다.

나는 환청이나 환각 등의 치매 주변 증상이 나타난 것이 아닌가 싶어서 걱정이 되었다. 그날 집으로 돌아가기 전에 이누이 씨에게 아버지가 발코니에서 보이지 않는 누군가와 즐겁게 대화를 나누고 있었다고 말했다.

"아, 그렇군요." 이누이 씨는 그렇게 말하고 살짝 웃었다.

"저도 자주 봐요. 모리타 씨, 얼마 전에는 창문에게 말을 걸고 있었어요. '스시로 할까? 아니면 가츠동이 좋아?' 라고요."

"그건 역시 치매 증상이…"

"그렇게 생각하지 않는 편이 좋아요. 틀림없이 아내분과 대화를 나누고 계셨을 거예요. 매우 평온하고 다정한 목소리였거든요. 저도 행복한 기분이 들었어요."

행복한 기분… 나는 마음속으로 이 말을 되풀이했다.

"모리타 씨는 다른 이용자들에 비해서 상당히 건강하시기도 하고, 잘 지내고 계세요."

확실히 아버지의 치매 증상은 아직 경미한 정도였다. 밥을 먹었다는 사실을 종종 잊어버리거나 같은 내용을 몇 번씩 물어보기도 했지만 화장실도 혼자서 해결하고 이물질을 입에 넣는 일도 없었다.

"삼 층의 치매동에 계시는 간병사분들은 많이 힘드시겠어요." 내가 말했다.

"네, 하지만 불쾌한 일이 있어도 폭력을 휘두르는 일은 거의 없어요. 그리고 이성의 억제가 줄어든 만큼 건강한 사람보다 감성이 풍부하답니다. 기쁜 일이 있으면 기쁘다는 감정을 그대로 밖으로 내보여서, 누군가에게 칭찬이나 호의를 받으면 온몸으로 기쁨을 표현하세요. 그렇게 어느샌가 간병을 하고 있는 직원의 마음까지도 온화하게 만들어주죠…. 지능은 확실히 떨어진 상태지만 그래도 칠십 년, 팔십 년이나 되는 세월을 살아왔다는 자신감과 긍지를 가지고 계세요. 모두들."

이누이 씨는 그렇게 말하고 조용히 미소를 지었다.

나는 그 순간 일기에 '이누이 씨가 정말 좋아'라고 적은 아버지의 마음을 알 것 같은 기분이 들었다. 이렇게 이해심이 많은 간병사가 담당해주니 아버지도 참 행복한 사람이라고, 진심으로 그렇게 생각했다. 내가 이누이 씨에게 감사를 전하려고 할 때「엘리제를 위하여」가 흘러나오기 시작했다. 이용자가 방의 호출버튼을 누르면 그 음악이 흘러나오는 시스템이었다.

"그럼 실례하겠습니다." 이누이 씨는 살짝 고개를 숙이고는 호수에 불이 들어온 방을 향해서 발걸음을 재촉했다.

7장

아버지가 어떤 죽음을
원했는지

지금까지의 이야기는 아버지가 희망원에 입소하고 약 일 년 동안 일어난 일들이다. 이렇게 계속 적다보면 페이지가 아무리 많아도 부족할 것이다.

　아버지는 그 뒤로도 돌아가실 때까지 구 년 동안 희망원에서 지내셨다. 그동안 동생은 다섯 번이나 입원과 퇴원을 반복했고, 그때마다 아버지도 희망원을 들어가고 나오기를 반복했다. 나는 케어매니저인 모리미 씨에게 도움을 청하고 잠 못 드는 밤들을 보냈다.

　동생이 병원에 가는 날 아침이 되면, 나는 제발 동생이 순순히 병원에 갈 수 있게 해달라고 신께 기도하는 심정으로 본가를 향해서 차를 몰았다.

퇴원한 지 두 달만 지나면 동생은 언제나 병원에 가지 않겠다고 말하기 시작했기 때문이다.

"약을 먹으면 손발이 떨려. 시험 삼아 아침하고 점심에 계속 약을 안 먹었더니 떨림이 멈췄어. 하지만 밤이 되니까 몸을 움직일 수가 없어서 어쩔 수 없이 약을 먹었어. 이렇게 약에 묶여서 평생을 살아가고 싶지는 않아. 나는 아무것도 잘못한 게 없는데 왜 이렇게 된 거야? 아무리 약을 먹어도 낫지 않아. 아니 오히려 부작용 때문에 손발의 떨림이 점점 더 심해져. 약을 계속 먹어서 몸 상태가 악화되는 거야. 이제 병원 같은 데는 정말 가고 싶지 않아." 동생은 계속 이렇게 호소했다.

병원에 가는 날 아침이면 나는 언제나 똑같은 말을 해야 했다.

"노리코, 심각한 심장병을 앓고 있는 환자는 하루라도 약을 거르면 목숨이 위험해져. 그거랑 똑같은 거야. 너의 병도 약을 안 먹으면 목숨이 위험해지는 일이 생겨. 제발 부탁이니까 같이 차를 타고 병원에 가자. 의사 선생님이 처방한 약을 꼬박꼬박 먹으면 평범한 생활을 할 수 있어. 쇼핑도 갈 수 있고, 좋아하는 음식을 만들어서 먹을 수도 있지.

하지만 하루라도 안 먹으면 움직이지 못하게 돼. 약을 먹는 일이 어려운 일은 아니잖아? 앞으로는 그렇게 병과 타협을 하면서 살아가는 거야. 집에서 아버지랑 살고 싶지? 네가 입원하면 아버지도 혼자서는 살아갈 수 없으니 다시 희망원에 들어가야 해. 만약 희망원에 빈 방이 없으면 모리미 씨에게 부탁해서 다른 시설을 찾아봐야 하고."

"아버지를 위해서 내가 약을 먹어야 한다는 거야?"

"내가 언제 그런 말을 했니? 어쨌든 약을 거부하면 다시 입원할 수밖에 없다는 거야. 입원하고 싶지는 않은 거잖아. 차를 타고 같이 병원에 가는 것뿐이야. 노리코, 부탁이야. 병원에 가자."

때로는 무릎을 꿇고 동생을 설득하는 일도 있었고 반대로 큰소리로 호통을 치면서 억지로 차에 태운 적도 있었다. 어느 날은 동생이 이미 택시를 불러서 병원으로 출발하고 없었던 적도 몇 번 있었다.

"이렇게 일찍 뭐 하러 왔어?" 아버지가 의아한 표정으로 물었다.

"오늘은 병원에 가는 날이라서 제가 데리러 온다고 했잖아요. 아버지도 알고 계시잖아요."

"아, 그랬나? 노리코는 방금 전에 택시를 불러서 병원에 갔는데."

울컥 화가 치밀었지만 그래도 자발적으로 병원에 갔으니 좋게 생각하려고 했다.

"그럼 가볼게요." 그렇게 말하자 아버지는 "벌써? 이제 막 왔잖아. 정말 뭐 하러 온 거야? 성질 급한 녀석이네"라고 씁쓸하게 웃었다.

모든 일이 그런 식이었기 때문에 화를 낼 마음도 들지 않았다.

아버지를 위해서 세끼 식사를 만드는 것은 동생에게 부담이 될 것 같아서, 아버지의 저녁 식사만 배식 서비스를 신청했다는 것은 앞에서 이미 설명했다.

하지만 노리코는 아버지와 둘이서 집에 있으면 숨이 막힌다고 불만을 늘어놓았다. 아버지도 희망원에서 생활할 때는 그나마 레크리에이션이나 보행훈련 시간이 있었지만, 하루 종일 소파에 앉아서 지내다보니 화장실에 가는 것조차 힘든 상태가 되어버렸다.

그래서 모리미 씨와 상의해 일주일에 세 번 희망원의 데이 서비스를 이용하기로 했다. 아침 아홉 시쯤에 집 앞까지 소형 버스가 데리러 오고 저녁 다섯 시까지 다시 집에 데려다준다. 데이 서비스의 종류는 점심 식사와 목욕, 레크리에이션, 보행훈련과 재활훈련 등으로 희망원 입소자에게 제공되는 서비스와 거의 동일했다.

동생도 아침에 아버지를 배웅하고 나면 저녁 때까지 아무도 신경 쓰지 않고 외출할 수 있었다. 아버지는 왜 시설에 가야 하느냐고 불만을 토로했다. 때로는 소형 버스가 데리러 와도 "오늘은 이런저런 일 때문에 바빠서 갈 수 없습니다"라는 말도 안 되는 이유를 대면서 꾀를 부려 쉬기도 했다. 그래도 일주일에 세 번씩 희망원에 다닌 덕분에 생활에 리듬이 생기고, 치매의 진행을 늦추는 효과가 있었다고 생각한다.

그러나 동생의 경우에는 정해진 날에 어떻게든 병원에 데려간다 해도 본인이 약 먹기를 거부하면 더 이상 손쓸 방법이 없었다.

"류지, 이제 끝났어. 인생이 끝나버렸어."

어느 날 갑자기 아버지에게 그런 전화가 걸려왔다.

"노리코는 이제 가망이 없어."

본가로 달려갔더니 노리코가 이불에 파묻혀 쓰러져 있

었다. 손발은 물론 얼굴 근육까지 경직되어 있었다. 게다가 이불을 걷어내자 대소변 냄새가 코를 찔렀다.

실은 세 번째 입원 기간 동안, 동생은 하반신이 움직이지 않아서 화장실에 못 가고 병원 침대에서 실금을 한 적이 있었다. 항정신병 약의 부작용으로 발생하는 '약제성 파킨슨 증후군'은 손발이 떨리고, 몸이 경직되고, 다리를 앞으로 내딛기가 힘들고, 걷다가 갑자기 앞으로 돌진해버리는 등의 다양한 증상이 있기 때문에 파킨슨병과 잘 구별되지 않는다.

노리코의 경우 그런 증상이 다른 조현병 환자들에 비해 심한 편이어서 주치의의 지시로 대학병원에서 뇌신경과 진찰을 받았다. 그곳에서 조현병과 함께 파킨슨병을 앓고 있다는 진단을 받았다.

파킨슨병은 반드시 유전되는 병은 아니지만 전체 환자의 약 10퍼센트는 유전에 의한 발병으로 추정되고 있다. 이 경우 통상적인 병명과 구분해서 '가족성 파킨슨병'이라고 부른다. 할머니에서 어머니로, 그리고 동생으로 삼대에 걸쳐서 이어져 내려온 것이었다.

그런 사정 때문에 노리코는 세 번째 퇴원 이후에 직접

종이팬티를 사서 입기 시작했다. "약 먹을 수 있겠어?" 하고 물어봐도 동생은 거의 반응이 없었다.

나는 119에 전화를 걸어 구급차를 부른 뒤에 병원에 전화를 걸어서 동생의 상태를 설명하고 이제부터 구급차로 그쪽으로 이송될 테니까 환자를 받을 준비를 갖춰달라고 부탁했다. 이런 일에 대한 대처에는 이제 익숙해져 있었다.

다행히 종이팬티에서 배설물이 새지는 않았다. 간호사에게는 미안한 일이지만 나는 동생의 엉덩이를 닦고 싶지 않았다. 새 종이팬티를 세 장 겹쳐 입히자 이제는 냄새도 그렇게 거슬리지 않았다. 팬티를 다 입혔을 때쯤 구급차가 도착했다. 노리코는 들것에 실려 옮겨졌다. 구급차에 동승한 나는 모리미 씨에게 다시 도움을 부탁해야겠다고 생각했다.

그런 일을 반복하는 동안에 나의 심신도 점점 균형이 무너져 내리고 있었다. 그중에서도 나를 가장 괴롭힌 것은 아버지의 피해망상이었다.

그것은 여동생이 네 번째로 퇴원해서 아버지도 본가에 돌아가서 생활하던 때의 일이었다.

우체국에서 아버지의 정기예금이 만기가 되었다는 연락

이 와서 내가 그것을 찾으러 갔다. 그리고 본가에 가서 아버지에게 이백만 엔의 현금을 보여주고 상의를 했다.

"다시 은행에 맡겨도 되지만, 매달 생활비를 찾으러 가기도 귀찮으니까 아버지의 책상 서랍에 넣어둘까요?"

나는 당시 두 달에 한 번, 아버지의 계좌에서 십오만 엔 정도를 인출해 그것을 봉투에 넣어 거실 탁자에 놓아두고 있었다. 동생은 그 봉투에서 돈을 꺼내 물건들을 샀다.

"그런 큰돈을 집에 두는 건 무서우니까 은행에 저금해 줘." 아버지는 말했다.

그래서 나는 이백만 엔을 받아서 집으로 돌아왔다. 그런데 다음 날 아버지가 전화를 걸어서 이백만 엔을 손이 닿는 곳에 보관하고 싶다고 말했다. 아직 은행에 저금하지 않은 상태였지만, 귀찮은 마음에 나는 이미 은행에 저금했다고 대답했다. 아버지는 그렇다면 안심이라고 말하고 전화를 끊었다. 그러나 삼십 분도 지나지 않아 다시 전화를 걸어와서는 손 닿는 곳에 두고 싶다고 말했다.

"그러니까 아버지, 이백만 엔은 은행에 저금했다니까요."

"아… 그랬지."

그런 대화를 몇 번이나 반복한 뒤, 아버지는 이제 전혀 다른 말을 하기 시작했다.

"저기 류지, 간이 창고를 사고 싶으니까 오십만 엔을 가져와주렴."

"네? 간이 창고라뇨 아버지, 왜 갑자기 그런 말을 꺼내는 거예요?"

"방을 정리했더니 이런저런 것들이 나왔지 뭐냐. 그래서 간이 창고가 있으면 편리하겠다는 생각이 들어서."

"아버지, 간이 창고를 대체 마당 어디에 두려고요? 둘 데도 없잖아요."

내가 그렇게 말하자 아버지는 전화를 뚝 끊어버렸다.

그리고 더 이상 전화는 걸려오지 않았다. 겨우 안심하고 가슴을 쓸어내리고 있었더니, 그다음 날 이번에는 경찰에게서 전화가 걸려왔다. 아버지가 110번으로 전화를 걸어서 아들이 돈을 훔쳐갔다고 하소연을 했다는 것이었다. 경찰이 자초지종을 듣기 위해 본가를 방문하자, 아버지는 그런 전화를 한 적이 없다고 화를 냈다고 했다.

"죄송합니다. 치매로 인한 피해망상인 것 같습니다." 나는 그렇게 설명했다.

"사정은 잘 알겠습니다. 그럼 몸조심하십시오." 경찰관은 신경 써주는 듯한 말투로 말했다.

얼마 지나지 않아 나는 불면증을 앓기 시작했고 식사도 제대로 하지 못하게 되었다. 그렇다고 아내가 만들어준 음식을 안 먹을 수도 없었다. 뜨거운 물을 섞은 소주를 마시면서 먹기 편한 채소만 집어서 술과 함께 흘려 넣었다. 술기운이 돌기 시작하면 턱 주변의 경직이 사라져 적은 양이라면 생선도 먹을 수 있었다. 하지만 몸은 고기나 기름진 음식을 전혀 받아들이지 못했다.

아니, 고기뿐 아니라 활자도 영상도 더 이상 받아들이지 못했다. 항상 빠뜨리지 않고 기사를 전부 챙겨 읽던 신문도, 경애하는 작가가 단편을 투고한 문예지도 전혀 읽고 싶은 마음이 들지 않았다. 그뿐만 아니라 활자가 시야에 들어오기만 해도 가슴이 두근거리고 답답해졌다.

영상도 마찬가지였다. 어느 날 저녁 식사를 마치고 아내가 빌려온 DVD로 영화를 보고 있었다. 할리우드의 인기 배우가 출연한 SF 서스펜스 영화였다. 나는 화면을 멍하게 쳐다보고 있었지만 스토리도 대사도 전혀 머리에 들어오지 않았다. 나와는 전혀 무관한, 그저 소란스럽기만 한 드라마가 멀리 떨어진 세계에서 그림자처럼 아른거리며 움직이고 있을 뿐이었다.

아내가 침실로 들어가자 나는 오직 잠들기 위해서 계속 소주를 마셨다. 그러나 아무리 마셔도 잠은 오지 않았고 정신을 차리니 시간은 새벽 세 시를 지나고 있었다. 비틀거리며 침대에 누웠지만 아무리 시간이 지나도 잠이 오지 않았다. 귓가에서는 계속 뜻 모를 속삭임이 들려왔고 식은땀이 관자놀이를 타고 흘러내렸다.

어쩔 수 없이 일어나서 다시 소주를 마셨다. 계속 술을 마시는 사이에 바닥이 기울어지고 천장이 빙글빙글 돌고 다리가 꼬일 정도로 완전히 취해버렸지만, 침대에 누워도 잠은 오지 않았다. 게다가 하늘이 밝아올 무렵에는 위가 콕콕 아프기 시작했다. 화장실에 들어가 변기 위에 웅크리고 중지를 목구멍 속으로 찔러 넣어 위액을 토해냈다. 위의 통증은 곧 약해졌지만 끈적이는 눈곱이 나와서 눈물과 구별이 가지 않았다.

그렇게 잠들지 못한 상태로 아침을 맞이했다. 서재 책상에 앉아도, 침대에 누워도, 한순간도 마음이 진정되지 않았고 정체 모를 불안감에 짓눌릴 것만 같았다.

나는 못 견디고 집을 뛰쳐나와 강가의 길을 따라 산책을 하기 시작했다. 부풀어 오르기 시작한 벚나무의 꽃봉오리를 바라보면서 바람을 맞으며 걷다보면 마음이 진정될 것 같았기 때문이다. 그러나 마음속에서 솟아나는 불안감은 사라지지 않았다.

길 건너편에서 보육사의 인솔을 받는 유치원생들이 다가왔다. 작은 아이들은 몇 명씩 대형 유모차를 타고, 나이가 더 많은 아이들은 두 줄로 걸어왔다. 그다지 넓은 길은 아니지만 충분히 옆으로 지나갈 수 있는 길이었다. 그러나 나는 나도 모르게 길가로 몸을 피하고 그 자리에 서서 굳어버렸다. 유치원생들이 나를 향해서 돌진해오는 것처럼 느껴졌기 때문이다.

그렇게 굳은 표정으로 유치원생들이 내 옆을 지나치기를 기다리면서 나는 내 심리 상태가 두렵게 느껴졌다. 결국 그날 심료내과(심리적인 원인으로 인한 신체질환을 진료하는 부문 - 옮긴이)에서 진찰을 받기로 결심했다.

증상을 설명하자 의사는 "스트레스가 많이 쌓였네요"라고만 말했다. 그리고 두 종류의 항우울제를 14일 치 처방했다.

처음 먹는 약은 역시 무서웠다. 사람에 따라서는 신경과

민으로 오히려 마음이 더 불안해질 수도 있다는 의사의 설명을 들었기 때문이다. 한정된 증상이라고는 해도 그런 증상이 나타나면 패닉에 빠질 것 같았다.

나는 조제 약국의 긴 의자에 앉아서 두려움에 떨며 두 종류의 약을 한 알씩 삼켰다. 당연히 어떤 변화도 일어나지 않았다. 여전히 불안한 마음으로 걸어서 집으로 돌아가는 도중에 나는 나도 모르게 "앗!" 하고 소리를 질렀다.

뒷머리가 찌릿함과 동시에 목이 뒤로 강하게 당겨졌기 때문이다. 정신을 차리니 마음속에 똬리를 틀고 있던 불안이 사라져 있었다. 나는 너무나도 확실한 효과에 깜짝 놀랐다. 그러나 그것은 머리를 마비시켜서 안절부절못하고 불안한 마음을 억지로 억누르는 강제적인 효과였다.

활자가 시야에 들어오기만 해도 두근거림이 심해지는 상태에서 도저히 원고를 쓸 수가 없었다. 일에 전혀 손을 댈 수 없었기 때문에 양해를 구해 연재 중인 소설은 잠시 휴재하게 되었다.

3개월 정도가 지나자 우울증은 차츰 나아져서 밤에도 잠을 잘 수 있게 되었다. 하지만 병을 극복할 수 있었던 계기는 항우울제가 아니라 아내의 심각한 요통이었다. 아버지와 동생에 이어서 이제는 아내까지 돌봐야 한다고 생각한 순간, 나는 우울증을 걱정할 때가 아니라는 것을 깨달았다.

그날, 나는 요통 때문에 거의 움직이지 못하는 아내를 업고 집이 있는 사 층에서부터 숨을 헐떡이며 한 걸음씩 계단을 내려갔다. 그렇게 간신히 아내를 차에 태우곤 정형외과로 향했다.

진찰실에서의 문진에 이어 엑스레이 촬영을 했다. 의사는 아내의 허리와 발목을 살짝 눌러보면서 "여기가 아프신 거죠?"라고 확인하고 내 얼굴을 쳐다봤다.

"발목이 저리고 발이 차가운 것은 혈류 장해가 생겼기 때문입니다. 엑스레이 사진을 보면 추간판헤르니아(척추 원반인 추간판이 돌출되어 요통이나 신경통을 일으키는 질환－옮긴이)는 아닌 것 같습니다. 혈관질환일지도 모르겠네요."

"혈관질환…이요?" 나는 조심스럽게 물었다.

"네, 혈관종이 의심스럽습니다." 의사는 작은 목소리로 대답하고 진료 파일에 뭔가를 적어 넣었다.

악성종양의 가능성도 있는지 궁금했지만 무서워서 물어볼 수가 없었다. 의사는 시내에서 가장 큰 종합병원의 전문의에게 소개장을 써주고 MRI 검사를 받으라고 말했다.

"혈관질환이라고 했지?" 아내가 말했다.

나는 말없이 고개를 끄덕이고 아내를 차에 태워서 종합병원으로 향했다. 아침 식사를 하고 항우울제를 먹었는데도 전혀 효과가 없었다. 불안감이 솟구쳐 가슴을 압박해왔다. 핸들을 쥔 손이 금세 땀으로 흠뻑 젖었다. 가슴이 두근거리고 때때로 눈앞이 흐려졌다. 미간을 잔뜩 찌푸리고 차의 앞 유리를 노려보던 그때를 지금도 선명하게 기억하고 있다.

병원은 환자로 북적대고 있어서 마치 야전병원 같았다. 열한 시에 접수를 마치고 한없이 기다렸다. 아내의 이름이 불렸을 때는 이미 오후 두 시가 지나 있었다. 작은 보조의자에 오래 앉아 있었기 때문인지 아내는 허리의 통증이 심해져서 일어서지도 못했다. 나는 아내의 겨드랑이 밑에 손을 넣어 몸을 부축하면서 진찰실로 들어갔다.

의사는 정형외과의원의 소개장에서 눈을 떼지 않은 채로 "어디가 아프신가요?"라고 물었다.

아내가 아픈 부위를 설명하자 의사는 낮은 목소리로 말했다.

"만약 혈관이라면 혈관외과니까 내 담당이 아닌데."

나는 화가 나서 나도 모르게 언성을 높였다.

"어쨌든 이쪽에서 MRI를 찍으라고 해서 찾아왔는데요."

의사는 아무 말도 하지 않고 아내의 엄지발가락 아랫부분을 눌러가면서 아픈 부위를 확인하더니 "월요일 열한 시에 MRI 검사 예약이 가능합니다. 그날 괜찮으세요?"라고 물어보고는 "진통제를 드리겠습니다"라는 말을 남기고 자리를 떴다.

세 시간이나 기다렸지만 진찰 시간은 겨우 오 분이었다. 분노와 허무함이 치밀어 올랐지만 그보다도 불안 발작이 걱정됐다. 나는 병원비를 낸 뒤에 조제 약국에서 받은 진통제를 그 자리에서 아내에게 먹이고 나도 항우울제를 먹었다.

집에 돌아가서는 아내의 몸을 부축해 침실로 데려가 옷을 갈아입는 것을 도와주고 잠옷 바지를 입혀서 침대에 눕혔다. 진통제가 듣기 시작하자 통증은 다소 가라앉았다. 하지만 여전히 하반신을 조금만 움직여도 극심한 고통이 느껴진다고 했다. 그 뒤로 나흘 동안, 나는 하루 세 번의 식사를 준비하고(라고는 해도 밥을 짓고 슈퍼에서 반찬을 사와 식탁에 늘어놓는 정도에 불과했지만), 빨래와 욕실 청소 등의 집안일을 하면서 침대에서 계속 통증과 씨름하고 있는 아내를 격려했다. 그리고 드디어 MRI 검사 날이 되었다.

병원 주차장에서 빌린 휠체어에 아내를 앉히고 휠체어를 밀면서 검사실로 향했다. 아내의 허리 통증은 그제보다 어제가, 어제보다 오늘 아침이 더 심해진 상태였다.

예약 시간에 딱 맞춰 검사 기사가 나타나서 아내를 휠체어에 앉힌 채로 검사실에 들어갔다. 이십 분 정도면 끝난다고 했다. 나는 벤치에 앉아서 눈을 감았다. 아내는 앞으로 일을 며칠이나 더 쉬어야 할지 걱정했지만, 나는 그보다도 아내가 이대로 걸을 수 없게 되면 어떻게 해야 할지 그저 불안할 뿐이었다.

조금 뒤에 검사실 문이 열리고 아내가 돌아왔다. 눈에 눈물이 고여 있었다. 그렇게 힘들었냐고 물어보자, 똑바로 누워서 십 분 동안 움직이지 말라고 했는데 통증이 너무 심해서 정신을 잃을 것 같았다고 대답했다. 아내는 나와는 비교가 되지 않을 정도로 참을성이 강하고 우는 소리를 하지 않는 사람이었다. 분명 상상도 할 수 없는 고통이었을 것이다.

한 시간 뒤, 의사는 잠시 MRI 화면을 들여다보다가 입을 열었다.

"외측형 추간판헤르니아인 것 같습니다. 대단히 드문 유형으로 MRI에도 거의 나타나지 않습니다만, 추간판 중심부에 있는 골핵이 돌출되어 통증을 유발하고 있습니다. 수술이 필요한 환자는 3퍼센트에 불과해 수술 자체도 대단히 어렵습니다. 절개 부위가 크기 때문에 위험도 큽니다."

"다른 방법은 없나요?" 내가 물어봤다.

"신경근 블록주사를 놓는 방법이 있습니다. 하지만 특수한 분야라서 저희 병원에서는 불가능합니다. 전문 의료기관을 소개해드리겠지만, 이 방법 역시 출혈과 감염증의 위험이 동반됩니다."

나는 아내 쪽을 쳐다보고 계속 머리를 굴렸다. 어떻게 판단해야 좋을지 전혀 알 수 없었다.

"약을 바꾸고 잠시 상태를 살펴볼까요?" 의사가 말했다. "통증을 효과적으로 억제하면서 자연치료를 기다리는 것도 하나의 방법입니다. 돌출된 부분도 언젠가는 제자리로 돌아가니까요."

아내와 얼굴을 마주보고 "그렇게 하겠습니다"라고 대답했다.

"못 움직이실 것 같으면 일주일 정도 입원하시겠습니까?" 의사가 물었다.

이른바 사회적 입원을 말하고 있는 듯했다. 의학적으로는 입원할 필요가 크지 않지만 가족의 생활을 고려해서 간병의 대안으로 입원하는 경우였다.

"괜찮습니다. 제가 돌보니까 그럴 필요는 없습니다."

나는 잠시 망설이다가 그렇게 대답했다. 아내가 놀란 눈으로 나를 보고 있었다.

"그럼 강한 약을 드릴 테니까 지금까지 먹던 약은 그만 드세요. 다음 진료는 금요일입니다. 오실 수 있으세요?"

"알겠습니다. 만약 통증이 너무 심하면 금요일 전에 찾아와도 괜찮죠?"

만약을 위해서 확인하니 의사는 "그렇게 하세요"라고 말했다.

내가 아내를 돌보겠다고 의사에게 선언한 이유에는 아내가 입원해 집에 혼자 있게 되면 우울증이 악화될 것 같아서 두려운 마음도 있었던 것 같다. 물론 아버지, 동생과 함께 아내도 최선을 다해서 돌보겠다고 결심한 것도 사실이었지만 내 마음속에서 어떤 이유가 더 강했는지는 나도 알 수 없었다.

병원에서 돌아와 우동 2인분을 삶았다. 파와 달걀만을 넣은 우동인데도 아내는 맛있다며 남기지 않고 먹었다. 다 먹고 나서는 침대에 누워서 좌약 진통제를 사용했다. 강한 약이니 하루에 한 번만 사용하라고 한 진통제였다.

아내의 볼에는 곧 살짝 땀이 배어나기 시작했다. 나는 부엌으로 돌아가서 수건을 적셨다가 꼭 짠 뒤에 랩을 씌워 전자레인지에 데웠다. 그렇게 만든 스팀타월을 들고 침실로 가서 아내에게 건넸다. 아내는 수건으로 얼굴을 덮고 있다가 잠시 뒤에 웃으며 말했다.

"아아 기분 좋다. 정말 고마워."

"스팀타월 정도로 고마워하다니 너무 후한 거 아니야?"

나는 가볍게 대꾸하고 침실을 나왔다. 그리고 냉장고를 열어 안에 들어 있는 음식의 목록을 작성한 뒤 아내에게 돌아갔다.

"이런 것들이 들어 있는데, 저녁으로 뭘 만들까?"

"양파랑 우삼겹이 있으니까 소고기덮밥은 어때?" 아내는 목록을 보고 말했다.

"그래, 소고기덮밥이 좋겠다."

"만드는 방법 알아?"

"인터넷에서 찾아볼게."

나는 서재의 컴퓨터로 조리법을 몇 개 확인하고서 장을 보기 위해 슈퍼마켓으로 향했다.

인터넷의 추천 조리법의 재료였던 실곤약을 사고, 내일부터의 아침 식사를 위해서 식빵과 요구르트와 바나나를 사고, 점심 식사용으로 우동과 야채튀김을 사고, 야나카 생강이 너무 맛있어 보여서 그것도 바구니에 넣었다.

나는 비닐봉지를 들고 집으로 돌아오면서 익숙한 거리 풍경이 이상하게 신선해 보인다는 사실에 깜짝 놀랐다. 그저 항우울제의 효과가 나타난 것일 수도 있었다. 하지만 나를 둘러싼 세계와 나 자신 사이에 존재하던 위화감과 마음속에서 떠나지 않던 정체 모를 불안이 한순간에 사라졌다.

집에 돌아왔을 때, 침실에서는 아내의 코고는 소리가 들려왔다. 아내는 걱정이 될 정도로 계속 잠을 자다가 저녁 여덟 시가 되기 전에야 겨우 눈을 떴다. 통증을 억제한다기보다 몸이 마비되어 강제로 잠을 자는 것 같은 느낌이었다고 아내는 말했다. 몸을 일으킨 아내는 주저하면서 왼발을 바닥에 디뎠다.

"아까까지는 발을 대기만해도 굉장히 아팠는데 지금은 그렇게 아프지는 않아."

천만다행이었다.

저녁 메뉴는 달걀 반숙을 얹은 소고기덮밥과 야나카 생강 초절임, 냉장고에 있던 샐러리와 토마토, 크림치즈로 만든 샐러드였다. 아내는 모든 음식이 너무 맛있다며 나를 칭찬했다.

그렇게 아내를 돌보는 사이에 우울증은 점점 나아졌다. 자신을 걱정할 여유가 없어지면 그것이 오히려 마음에 안정을 주는지도 모르겠다. 신기하게도 나 자신의 문제, 즉 우울증에 대해 잠시 잊어버리는 것만으로도 부담이 줄었기 때문이다.

'나를 내려놓는다'고 할까, 무리해서 톱니바퀴를 돌리려고 하지 않고 시험 삼아 나와 관련된 것들을 내려놓았다. 그러자 모든 일이 순조롭게 풀리기 시작했다.

"당신이 힘든 이유는 아직 포기하지 않았기 때문이다."

정신적으로 가장 힘들었을 때, 문득 그런 문장이 머릿속에 떠올랐다. 그 문장을 잊어버리지 않도록 종이에 적어서 냉장고에 자석으로 붙여둔 적이 있었다.

"이게 무슨 소리야?" 아내는 이해가 안 된다는 표정을 지었다. 포기해버리면 더 이상 힘들지 않다. 그러나 간단히 포기하고 싶지는 않았다. 이처럼 흔들리는 마음을 '당신이 힘든 이유는 아직 포기하지 않았기 때문이다'라는 문장으로 트위터에 올렸더니 많은 사람들이 공감해주었다.

병원에 다니기 시작한 지 3개월이 지났지만 아내의 요통은 나아지지 않았다. 아내는 대학병원에서 신경근 블록 주사 치료를 받게 되었다. 이 주에 한 번, 나는 아내와 함께 대학병원에 갔다. 아내의 요통이 완치될 때까지는 거의 반년이 걸렸지만, 그동안에 나는 우울증에서 해방되어 휴재하고 있던 장편소설의 집필을 다시 시작할 수 있었다.

한동안은 항우울제를 부적처럼 가방에 넣고 외출했지만 더 이상은 먹을 필요가 없었다. 그 뒤로 지금까지도 항우울제의 도움을 받지 않았다. 하지만 그때의 경험을 통해서 인간의 마음이 얼마나 연약한지를 절실히 깨달았다.

이제 다시 아버지의 간병 이야기로 돌아가자. 나의 우울증이 완치된 그다음 해 늦가을의 일이었다. 아버지는 이미 아흔 살이 되어 있었다.

"아버지가 딸이 밥을 주지 않는다고 이웃집에 찾아가서 떠들어대고 있어." 노리코가 하소연을 했다.

당시 동생은 퇴원을 해서 본가에서 생활하고 있었다. 아버지도 간병노인보건시설을 나와 동생과 같이 살면서 거의 매일 데이 서비스를 이용하고 있었다. 데이 서비스는 평일에만 운영되기 때문에 휴일에는 동생이 식사를 준비했다. 그런데 식사를 하고 한 시간만 지나면 아버지는 항상 "오늘은 아침부터 아무것도 먹질 못했어. 먹을 걸 하나도 안 줘!"라고 화를 내기 시작한다는 것이었다.

그 일에 대해서 아버지에게 물어보자 "노리코의 망상이겠지. 나는 그런 말은 한 적 없다"라고 대답했다. 나는 누구의 말을 믿어야 할지 혼란스러웠다.

그러던 어느 날 저녁, 오랜만에 희망원에서 나에게 직접 전화가 걸려왔다. 아버지가 데이 서비스의 점심 식사를 전혀 먹지 않았다는 연락이었다. 열도 없고 얼굴색도 나쁘지 않지만 음식을 한입도 먹지 않았다고 했다.

나는 당장 본가로 달려갔다. 이제 겨우 오후 여섯 시가 지난 시간이었지만 아버지는 벌써 이불 속에 들어가 있었다. 동생은 그 옆에서 배식 서비스로 배달된 아버지의 도시락을 먹고 있었다. 아버지가 안 먹으니까 아까워서 먹는 거라고 변명처럼 말했다.

"배가 아파요? 괜찮아요?" 내 질문에 아버지는 "괜찮아, 하룻밤만 자면 나을 거야"라고 대답했다.

그때는 일단 집으로 돌아왔다. 그리고 다음 날 점심이 지났을 즈음, 다시 본가를 찾아갔더니 아버지는 아직도 이불을 뒤집어쓰고 누워 있었다. 배를 손으로 누르고 있기에 아프냐고 물어보자 괜찮다고 대답했다.

노리코에게 확인해보니 어제 이후로 아무것도 먹지 않은 상태였다. 이온 음료라도 먹여야겠다는 생각에 편의점에서 사 와서 먹이려고 했지만, 아버지는 아주 조금만 마시고는 이제 됐다고 말했다.

아버지의 상태가 심각하다는 것을 나는 그제야 겨우 알아차렸다. 어제부터 스물네 시간이 넘는 시간 동안 수분을 거의 섭취하지 않은 상태였는데도 이온 음료조차 넘기지 못했기 때문이다. 이건 응급처치가 필요한 사태일지도 모른다는 생각에 서둘러 구급차를 불렀다.

도착한 구급대원에게 사정을 설명하자 안색을 바꾸더니 주치의가 누구냐고 물어왔다. 주치의의 병원에는 입원시설이 없었기 때문에 이전에 아버지가 폐렴으로 입원했던 종합병원으로 데려다줄 것을 부탁했다. 아버지는 들것에 실려서 구급차로 이송되었다. 나는 동생에게 집을 부탁하고 구급차에 동승해 케어매니저인 모리미 씨에게 연락했다.

아버지의 병명은 장폐색증이었다. 계속 링거주사를 맞으면서 폐색이 치료되기를 기다릴 수밖에 없었다. 장폐색증 자체는 삼 주 정도가 지나 완치되었지만 아버지는 링거주사를 맞고 있는 동안 숟가락 하나를 들기는커녕 물조차 삼키지 못하는 상태가 되었다.

아버지의 신체 기능은 순식간에 쇠약해졌다. 그 빠른 진행 속도가 놀라울 뿐이었다. 모리미 씨가 시청 직원에게 연락해 입원하고 있는 병원의 병실에서 아버지의 요간병도를 다시 한 번 측정했다. 결과는 가장 심각한 '요간병 5'였다.

그다음 날, 나는 의사의 호출을 받고 병원에 갔다. 의사는 위루형성술을 강하게 권유했다.

위루형성술은 배에 작은 구멍을 뚫어 튜브를 통해서 영양제를 위로 직접 주입하는 방식이라고 했다. 이 위루라는 생명유지장치를 사용하면 수명은 확실히 연장되겠지만, 만약 누군가 그것이 아버지의 말년을 행복하게 만드는 일이냐고 묻는다면 결코 그렇다고 답할 수는 없을 것 같았다.

"위루를 만들지 않으면 아버지는 어떻게 되나요?" 내가 물었다.

"링거주사만으로는 영양이 부족합니다. 한 달도 버티기 어려울 겁니다." 의사는 단호하게 말했다.

"알겠습니다. 하지만 위루를 만드는 일에 대해 도저히 긍정적으로 받아들일 수가 없습니다. 아내와도 상의해보고 싶으니까 하루만 생각할 시간을 주세요."

나는 솔직하게 내 생각을 전달했다. 의사는 가만히 시선을 피하더니 "그럼 일단 영상을 봐주세요"라고 하면서 대화를 중단했다.

내키지 않는 기분으로 아버지의 병실에 돌아오자 간호사가 머리맡의 텔레비전에 DVD를 넣고는 "십 분 정도의 영상입니다. 다 보시거든 불러주세요"라고 말하고 자리를 떴다.

그 영상은 위루를 만든 환자가 빠르게 체력을 회복해 한 달 뒤에는 입으로 식사를 할 수 있게 되고, 또 한 달 뒤에는 보행훈련과 같은 재활치료를 받아 정식으로 퇴원하게 되는 과정을 보여주는 것이었다. 게다가 그 환자의 나이는 이미 여든다섯 살이었다.

그것은 말 그대로 기적과도 같은 쾌유를 이뤄낸 특별한 환자의 사례였다. 일반적으로는 있을 수 없는 일이겠지만 그런 기적에 한 가닥의 희망을 품는 것이 가족의 마음일 것이다. 내 의지는 그 영상을 보고도 위루형성술을 거부하고 아버지의 자연사를 선택할 만큼 강하지 않았다. 하루만 생각할 시간을 달라고 했지만 나는 결국 그 자리에서 위루형성술에 동의했다.

그러나 나는 그 결정을 매우 후회했다. 위루 덕분에 아버지의 혈색은 급격히 좋아졌지만, 완전히 누워서 생활하는 신세가 되어 치매가 빠르게 진행되었다. 온화한 성격이었던 아버지는 마치 다른 사람이 된 것처럼 폭력적으로 변했다.

무엇보다도 아버지가 이미 제대로 대화를 할 수 없는 상태였기 때문에 어쩔 수 없었다고는 해도, 나는 아버지의 동의를 얻지 않고 위루를 만든 것이었다. 그 일을 두고두고 깊이 후회했다.

간호사는 하루에도 몇 번씩이나 아버지의 기저귀를 갈면서도 싫은 표정 한 번 짓지 않고 대소변의 뒤처리를 해주었다. 아버지는 그런 간호사에게 "아프다고 하잖아! 더 신경 써서 하라고!"라며 큰소리로 호통을 쳐서 4인실의 다른 환자들을 겁먹게 만들었다. 그러다 기어이 손을 휘두르며 간호사의 얼굴을 때리는 바람에 결국 침대에 묶이는 신세가 되고 말았다.

"아버지, 간호사는 말이죠, 정말 친절하고 조심스럽게 아버지를 대해주고 계세요. 폭력을 휘둘러서는 안 돼요."

나는 조용히 타일렀다. 그러나 아버지는 야수 같은 눈으로 나를 노려보며 낮은 소리로 신음할 뿐, 아무 말도 하지 않았다. 치매가 급속하게 진행되면서 성격이 광폭해지고 곧 환청까지 들리게 되었다.

어느 날, 아버지의 병문안을 가서 "아버지, 기분은 어때요?"라고 물었을 때의 일이었다.

"너는, 시합에, 졌다." 아버지가 띄엄띄엄 말했다.

"응? 무슨 시합이요?" 내가 물었다.

"시합에 진 거야. 너는." 아버지는 내 눈을 똑바로 보고 반복해서 말했다.

그것은 의식이 흐릿해져서 생기는 섬망譫妄(안절부절못하고, 잠을 안 자고, 소리를 지르고, 주사기를 빼내는 등의 심한 과다행동과 생생한 환각, 초조함과 떨림 등이 나타나는 병적 정신 상태 – 옮긴이)이었다. 그렇

211

다는 것을 알고 있었는데도 마음이 아파서 도저히 견딜 수가 없었다.

위루를 만든 지 일주일이 지나 아버지의 상태가 안정됐을 때, 다시 의사에게 불려갔다.

"일주일 정도면 퇴원할 수 있습니다. 받아줄 곳을 알아보세요." 의사는 말했다.

확실히 아버지에게 필요한 치료는 전부 끝난 상태였다. 하지만 마치 돈이 안 되는 환자는 하루라도 빨리 퇴원하라는 것 같은 말투였다.

희망원에서는 임종간호를 해주지 않았다. 모리미 씨와 상의해 다른 시설을 찾아봐줄 것을 부탁할 생각이었다. 그런데 아버지가 희망원에 처음 입소한 뒤로 오랜 시간이 지나는 동안, 시설 책임자가 두 번 바뀌고 동시에 간병시설의 경영과 운영방침도 바뀌어 있었다. 희망원에서도 임종간호를 받을 수 있게 된 것이다.

그렇게 아버지는 다시 희망원으로 돌아갔다. 병원이 발행한 인수인계서에는 아버지가 간호사에게 폭력을 휘둘렀다가 손발이 묶였던 일도 기록되어 있었다. "어쩔 수 없이 손발을 구속하는 경우가 있을 수도 있습니다. 그 점에 대해서는 부디 양해해주세요." 서류를 읽은 간병 직원은 그렇게 말했지만 그것은 쓸데없는 걱정이었다.

정신없이 환자가 들어왔다 나가는 병원의 4인실과는 다른, 조용하고 해가 잘 드는 1인실에 들어간 아버지는 완전히 얌전해졌다. 병원에서 보여준 흉포함은 모습을 감췄다.

입소 당일, 아버지는 오랫동안 자신을 돌봐주었던 간병 직원들의 얼굴을 완전히 잊어버린 상태였다. 일주일이 지나니 이누이 씨는 알아볼 수 있게 되었다.

그러나 이 주, 사 주, 그렇게 시간이 흐르면서 아버지는 말을 걸어도 거의 반응하지 않았고 관절이 굳어가며 그저 텅 빈 눈으로 천장을 바라보고만 있는 상태가 되었다.

입으로 음식을 먹는 행위는 인간이 살아 있다는 증거라고 생각한다. 하루에 세 번 위에 영양제를 주입하고, 주입한 횟수만큼 대소변을 배출하고, 기저귀를 갈고…. 그렇게 단지 목숨만을 연명하고 있는 상태에서는 인간의 존엄이 존재할 리가 없다.

이런 연명행위는 역시 아버지에게 고통만을 줄 뿐이라고 나는 진심으로 후회했다. 하지만 위루를 제거해달라고 부탁하는 것은 아버지의 목숨을 끊는 일이었기 때문에 이 제는 그런 부탁도 할 수 없었다. 2월 16일은 아버지의 생신 이었다. "아버지, 오늘로 아흔 한 살이 되셨어요. 지금까지 정말 열심히 살아오셨어요." 내가 축하를 건네도 아버지는 아무 반응이 없었다. 하지만 손을 잡으니 약하게나마 내 손 을 마주 잡았다. 아버지는 그렇게 와병생활로 인한 욕창의 아픔과 가래를 흡입하는 석션의 고통을 참고 견디는 것이 전부인 하루하루를 보내다가, 벚나무의 꽃봉오리가 부풀기 시작한 3월의 어느 날 아침에 고열에 시달리다 숨을 거두 었다.

향년 91세. 그 나이까지 살았으니 충분히 오래 살았다고 도 할 수 있지만, 인간에게는 죽는 것도 고된 일이라는 사 실을 아버지의 임종을 지켜보며 절실히 깨달았다.

돌아가신 아버지의 얼굴은 너무나 평온해서 아름다워 보이기까지 했다. 이누이 씨가 돌아가신 아버지의 얼굴에 화장을 해줬다는 이야기를 듣고 나는 "그것도 간병사의 일 인가요?"라고 물었다.

"모리타 씨가 처음이에요. 제 손으로 해드리고 싶어서 요." 이누이 씨는 아버지의 임종간호를 하면서 쉬는 날에는 사자死者의 얼굴을 화장하는 것에 대한 세미나를 들으러 다녔다고 했다. 이렇게 마음이 따듯한 간병사를 만나서 아버지의 말년은 정말 행복했을 거라고 생각한다. 이누이 씨에게는 아무리 감사를 드려도 부족할 것이다.

그런데 아버지가 돌아가시고 내가 정말 아버지에 대해서 아는 것이 없다는 생각이 들었다. 생전에는 제대로 된 대화를 할 기회도 거의 없었다. 아버지는 스물한 살의 나이에 징병되어서 통신병으로 중국에 파병됐었는데, 적군과 대치한 적도 있었을까? 전쟁이 끝나고 삼 년 뒤에 간신히 상해에서 철수해 일본으로 돌아왔다고 했는데, 그 삼 년 동안에는 무슨 일을 했을까? 아버지는 마지막까지 알려주지 않았고, 나도 물어보지 않은 일들이었다.

가장 안타까운 것은 아버지가 어떤 죽음을 원했는지 모르고 있었다는 점이다. 이상적인 죽음이라는 것은 간병을 시작한 뒤에 갑자기 속을 터놓고 대화를 나눌 수 있는 주제가 아니다.

104세의 히노하라 시게아키日野原重明라는 의사는 초등학생인 아이들에게 다음과 같은 이야기를 했다고 한다. "살다보면 남을 위해서 시간을 쓰는 것이 바로 생명을 소중히 여기는 일임을 깨닫는 순간이 옵니다. 그러니 그때까지는 자기 자신만을 위해서 시간을 쓰도록 하세요."

나는 나이 쉰을 넘기고서야 간신히, 아버지의 간병을 통해 이 말의 의미를 실감할 수 있었다.

다 기억하고 있네요

장례식은 친척들끼리 조용히 치렀다. 동생은 아버지가 장폐색증으로 입원한 직후부터 다시 입원하고 있었다. 동생이 아버지의 임종을 지켜보지 못했기 때문에 적어도 장례식에는 함께하고 싶었다. 나는 동생의 상복과 신발을 가지고 병원으로 갔다. 그곳에서 상복으로 갈아입게 한 뒤에 휠체어에 태워서 장례식장으로 함께 갔다.

　불경을 읽고, 향을 피우고, 화장을 하고, 화장한 유골을 수습하고, 쇼진오토시精進落とし의 식사(장례식이 끝나고 가족과 관계자들이 함께 식사하는 것. 상중에는 육식을 삼가며 쇼진요리(精進料理)를 먹다가 사십구일재가 끝나면 고기와 술 등을 먹기 시작했던 풍습에서 유래했다. - 옮긴이)를 하고…. 이런 일들을 마치고 동생을 다시 병원

에 데려다주고, 아내와 둘이서 유골과 영정과 임시 위패를 챙겨 집으로 돌아왔다. 그리고 그것들을 다다미방 구석에 마련해둔 검게 칠한 단 위에 가만히 올려놓고 서로에게 수고했다고 말했다. 긴 하루였다.

며칠 뒤 아내와 둘이서 본가에 가 아버지의 유품을 정리했다. 나는 그때 아버지의 애달픈 마음을 알게 되었다.

아버지의 방에서 서예에 관련된 물건들을 정리하고 있을 때였다. 얇은 털붓으로 쓴 작은 글자가 빽빽하게 채워진 종이 다발을 발견했다. 나는 무심코 종이를 펼쳤다가 깜짝 놀랐다. 그것은 전부 『반야심경』을 옮겨 적은 종이였다. 한 글자 한 글자 공들여 정성스럽게 옮겨 적은 종이가 대충 세어봐도 삼백 장이었다. 그것들은 전부 '마하반야바라밀다심경'으로 시작해서 '반야심경'으로 끝나는 이백칠십육 자였다.

자세히 들여다보니 종이의 왼쪽 아래에는 연필로 조그맣게 날짜가 적혀 있었다. 가장 오래된 것이 1996년 3월 8일. 종이를 넘기면서 날짜를 확인하는데 2001년이 되자 갑자기 매수가 늘어났다. 2001년 한 해에 옮겨 적은 것만 이백사십 장에 달했다. 마지막 종이에 적힌 날짜를 확인한 순간, 나는 그 이유를 알 수 있었다. 2002년 1월 15일. 그것은 어머니가 돌아가시기 일주일 전이었다.

1996년에 『반야심경』을 옮겨 적기 시작한 동기는 알 수 없지만, 2001년 이후에는 어머니의 회복을 기원하며 그것을 계속 옮겨 적은 것이 틀림없었다.

예전에 아버지가 서예를 하는 모습을 본 적이 있다. 글자를 잘못 쓴 게 아니더라도 자신의 뜻대로 써지지 않으면 아버지는 처음부터 다시 새로 썼다. 아마 『반야심경』도 똑같은 방식으로 옮겨 적었을 것이다. 도중에 다시 쓴 것들까지 포함하면 남아 있는 것보다 훨씬 더 많은 분량의 『반야심경』을 옮겨 적었을 것이다.

어머니가 돌아가시자 아버지는 먹을 가는 일도, 붓을 잡는 일도 하지 않았다. 정원 앞에 버려진 천연석 벼루를 봤을 때 나는 어이가 없었다. 하지만 그때와는 다른 새로운 감정이 북받쳐서 눈물이 볼을 타고 흘러내리는 그대로 서 있을 수밖에 없었다.

1945년 4월, 어머니는 열네 살의 나이에 도치기 현의 농촌에서 홀몸으로 상경해 신주쿠의 간호원 양성소에 입학했다. B-29의 폭격으로 십만 명이 죽고 백만 명이 집을 잃어버린 도쿄대공습으로부터 겨우 한 달 뒤의 일이었다.

　초토화된 도쿄를 보고 열네 살의 어머니가 어떤 생각을 했을지를 상상하면 가슴이 먹먹해진다. 가난한 농가에서 태어나 중학교에도 진학할 수 없었던 어머니는 의지할 사람 하나 없는 도쿄에서 혼자라는 불안에 떨면서도 간호사의 길을 선택한 것에 강한 자부심을 가지고 있었을 것이다. 왜냐하면 어머니는 그 뒤로 반세기에 걸쳐서 간호사로 계속 일해왔고, 그 일에 생애를 바쳤기 때문이다.

　문학과는 인연이 없어 보이는 어머니였지만, 아들의 책만은 예외였다. 글 쓰는 속도가 더딘 아들은 일 년에 한 권도 쓰지 못했기 때문에 신작이 나올 때까지 이전 작품을 몇 번이고 되풀이해서 읽으셨다. 어머니는 나의 데뷔작 『스트리트 칠드런ストリート・チルドレン』을 가장 좋아한다고 말했다. 그것은 신주쿠를 무대로 삼백 년에 걸친 한 가문의 궤적을 그린 장편소설이었다. 패전 직후에 '빛은 신주쿠에서 시작된다'는 슬로건과 함께 잿더미가 된 신주쿠에서 출현했던 암시장도 등장한다.

　"이런 이야기를 쓸 거라면 나를 취재했으면 좋았잖아. 지금 이세탄 백화점 근처였나? 중고 신발을 파는 가게가 많

았어. 열여섯 살 때 말이야, 첫 월급을 받고는 거기서 하이
힐을 샀어. 빨간 하이힐을."

어머니는 아들의 소설을 읽고, 그립다는 듯이 당시의 추
억을 그렇게 이야기한 적이 있었다.

"아버지, 제가 소설을 쓰기 전에 그 이야기를 들었다면,
당시 유행했던 「사과의 노래リンゴの唄」를 흥얼거리면서 빨
간 하이힐을 신고 신주쿠 거리를 활보하는 어머니가 제 데
뷔작에 등장했을 거예요. 그걸 못한 게 지금도 한이라니까
요."

아버지와 빨래방의 벤치에 앉아서 그런 대화를 나눈 적
이 있었다. 아버지는 담배를 피우면서 맛있게 캔맥주를 마
시고 있었다.

"아버지는 그때, 이미 전쟁터에서 돌아왔었죠?"

아버지가 캔맥주에서 입을 떼지 않은 채, 놀란 것처럼 눈
을 동그랗게 떴다.

"그때?"

"1947년인가? 어머니가 하이힐을 신고 신주쿠 거리를
걷고 있을 때요."

아버지는 "1947년"이라고 말하더니 흥분으로 몸을 떨었

다. 뇌의 스위치가 켜진 것 같았다. 아버지는 때때로 기억이 선명하게 돌아오는 경우가 있었다.

"상하이에서 귀향선을 기다리고 있었지."

"전쟁이 끝나고 이 년이나 지났는데도요?"

"그래, 상하이에서 귀향선을 기다리고 있었어. 네 엄마를 만난 건 1950년이니까, 삼 년 뒤란다."

그렇구나. 1950년이구나. 나는 내가 이 세상에 태어나기 사 년 전의 도쿄 거리를 머릿속에 떠올렸다.

"어머니는 신주쿠에 있는 병원에서 일했고, 아버지가 일하던 곳은 오테마치였지요? 데이트는 역시 신주쿠나 유라쿠초에서 영화를 보고 그랬어요?"

"응, 둘이서 영화를 봤지. 정말 자주 봤어. 「황색 리본을 한 여자」「레베카」「카르멘 고향에 돌아오다」「바람과 함께 사라지다」."

"굉장해. 다 기억하고 있네요, 아버지."

아버지는 오 분 전에 말한 것도 잊어버리면서, 오십 년 전의 일은 깜짝 놀랄 정도로 기억하고 있었다.

"맞아, 그리고 야마노테 선(도쿄 시내를 달리는 순환선 전철 노선 중 하나 - 옮긴이)."

"야마노테 선이요?"

"네 엄마랑 나란히 앉아서 한 바퀴, 두 바퀴…. 그렇게 빙글빙글 돌았지."

"그건 그냥 전철에 앉아 있기만 하는 거예요?"

나는 나도 모르게 웃음이 새어 나왔지만 아버지는 그 시절이 그리운 것처럼 눈시울을 붉혔다. 이내 "그래도 재미있었어"라고 쉰 목소리로 말하고는 고개를 젖혀 남은 맥주를 전부 입에 털어 넣었다.

나가며

　이 자리를 빌려 책의 뒷이야기를 조금 적고 싶다. 아버지가 돌아가신 뒤 삼 년 동안, 동생은 계속 정신병원에 입원해 있었다. 그러다 정신 상태가 완전히 안정되어 얼마 전 드디어 정식으로 퇴원해 시내의 주택형 유료 양로원에 들어갔다. 동생은 '요간병 2' 판정을 받았다.

　주택형 유료 양로원은 모든 방이 1인실이며 가구가 구비되어 있고 휠체어로 생활하는 데 무리가 없는 배리어 프리 구조로 되어 있다. 식사와 목욕 보조는 물론이고 미리 동행을 부탁하면 쇼핑도 즐길 수 있다. 폐쇄 병동에서 외출도 금지당했던 동생에게 이런 환경은 엄청난 차이라고 할 수 있다.

입주자 중에는 팔십대 여자들이 많기 때문인지 막내인 노리코가 딸처럼 귀여움을 받고 있는 것 같다. 혹시라도 또 정신 상태가 불안정해지면 다시 입원할 가능성도 있지만 지금은 안정적으로 생활하고 있어서 나도 일단은 안심하고 있다.

동생의 이름을 비롯해 아버지가 이용했던 간병노인보건 시설, 신세를 진 케어매니저와 간병사분들의 이름 등 이 책에 등장하는 시설명과 인명은 모두 가명을 사용했다. 사생활과 관련된 부분이므로 부디 넓은 마음으로 이해해주시길 바란다.

마지막으로 이 책은 후타바샤双葉社 출판사의 가쓰마타 마유미勝又眞由美 씨의 열정 덕분에 세상에 나올 수 있었다. 편집은 오피스 가제야ォフィス風屋의 기타야마 고지北山公路 씨에게 많은 도움을 받았다. 두 분에게 진심으로 감사의 뜻을 전하고 싶다.

2016년 봄의 기운이 만연한 3월에
모리타 류지

치매, 또는 롱 굿바이

서울대학교병원 공공보건의료사업단/정신건강의학과 조교수
서울시정신건강복지센터장
손지훈

『아버지, 롱 굿바이』는 일본의 소설가 모리타 류지가 가족의 간병 과정에서 겪었던 일들을 기록한 글입니다. 치매에 걸린 아버지뿐 아니라 파킨슨병을 앓다 돌아가신 어머니, 조현병으로 장기치료를 받던 누이동생 등 가족 구성원들의 고통을 돌보는 동시에 자신의 삶을 살아나가고자 애쓰는 과정을 생생하게 전하고 있습니다.

일반적으로 '치매'라고 불리는 노인기 인지 기능 장애의 핵심적인 증상은 의식 상태가 명료한데도 불구하고 기억력 장애로 대표되는 인지 기능 감퇴가 나타나는 현상입니다. '단기기억력 장애'라고 불리는, 새로 알게 된 내용을 기억하지 못하는 증상이 두드러집니다. 상대적으로 오래된 기억은 잘 남아 있는 경우가 많습니다. 그 외에도 판단력, 기획력, 독립적인 일상생활 능력 등이 감퇴합니다. 이런 인지 기능 증상 외에도 불면, 감정 조절의 어려움, 공격성, 환각 등 정신적 증상들이 수반되기도 합니다.

이처럼 '치매'는 사실 단일질환이 아닙니다. 가장 대표적인 질환이 보통 '노인성 치매'라고 이야기하는 알츠하이머병입니다. 알츠하이머병은 뇌 속의 아밀로이드 베타 단백이 뭉쳐진 아밀로이드 판amyloid plague이 과도하게 축적되면서 뇌세포가 서서히 파괴되고 이로 인해 뇌의 위축이 진행되는 병입니다. 하지만 그 외에도 뇌혈관질환, 즉 뇌경색 혹은 뇌출혈 등에 의해 발생하는 '혈관성 치매'가 있으며 기타 다양한 신경학적 질환에 의해 치매가 유발되기도 합니다.

일반적으로 이런 치매들은 점차적으로 진행되는데, 병의 진행을 늦출 수는 있지만 완치 방법은 없는 경우가 많습니다. 다만, 일부 치료가 가능한 치매 상태, 혹은 치매로 오인되는 상태 등이 있습니다. 대표적으로 노인기 우울증이나 갑상선질환, 약물의 오남용 등이 그 예입니다. 증상이 전형적인 경우에 치매 진단 자체는 병력 청취와 인지 기능 평가를 포함한 의사와의 면담을 통해 이뤄질 수 있습니다. 이 때 치료 가능한 요인들을 확인하기 위해 다양한 부가적인 검사를 시행하게 됩니다.

작가가 글에 들어가면서 적었던 것처럼 대표적인 치매로 알려진 알츠하이머병을 미국에서는 '롱 굿바이'라고 부르기도 합니다. 연구에 따라 차이는 있으나, 알츠하이머병은 보통 발병 후 3년~10년 사이에 사망하는 것이 일반적입니다. 하지만 발병하기 수년 전부터 경도 인지 기능 장애를 감지할 수 있는, 즉 서서히 진행되는 병이기 때문에 '롱 굿바이'라는 말이 생겨났을 것입니다. 그러나 '롱 굿바이'가 단순히 병의 긴 경과만을 암시하는 비유는 아닌 듯합니다.

알츠하이머병이 점차 진행되면 인지 기능과 일상생활 능력을 상실하면서 돌봄이 필요하게 되는 것을 넘어 가족이 알고 있던 사람과는 전혀 다른 사람이 되어갑니다. 단기기억력의 상실은 단순히 새로운 정보를 습득하지 못해서 나타나는 현실적 어려움과 답답함을 넘어서 주변 사람들로 하여금 같은 장소에 같이 있는데도 이 순간을 함께하고 있지 않다는 감정을 느끼게 만듭니다. 인격이 퇴행하고 때로는 감정 조절의 어려움도 나타나면서 더 이상은 가족이 기억하는 바로 그 사람이 아니라고 느끼게 됩니다. 특히 환자가 자신의 부모인 경우 나를 키우고 돌봐줬던 사람이 아니라 이제 내가 돌봐야 하는 사람이라는 생각이 가족에게 정체성의 혼란을 가져다주기도 합니다. 수년 이상의 간병은 이전의 좋은 추억을 몰아내고 어려움과 고통의 감정만 남기는 경우도 흔합니다. 그래서 다른 경우라면 환자가 사망한 뒤에야 가족이 겪게 될 애도의 과정을 질병 초기에 다 겪어버려 막상 돌아가신 뒤에는 담담한 감정만이, 아니 이제 끝나서 후련하다는 감정만이 남겨지기도 합니다.

이렇듯 내가 알고 있던 부모님 혹은 배우자가 아직 사망한 것도 아닌데 이미 조금씩 사라져간다는 느낌, 그 수년의 시간에서 겪게 되는 무수한 감정적인 갈등을 표현한 말이 '롱 굿바이'가 아닌가 합니다.

우리 주변에서도 치매에 관한 이야기를 어렵지 않게 들을 수 있습니다. 2000년에 이미 인구의 7퍼센트 이상이 65세 이상의 노인인 '고령화 사회'에 접어든 우리 사회는 2017년에 들어 인구의 13.8퍼센트가 65세 이상의 노인으로, 14퍼센트를 기준으로 하는 '고령 사회'에 들어서는 문턱에 서 있습니다. 고령 사회로의 진입에 프랑스가 115년,

미국이 73년, 일본이 24년이 걸린 것에 비하면 한국의 17년은 경이적으로 빠른 속도입니다. 2000년, 통계청은 2026년이면 인구의 20퍼센트가 65세 이상인 '초고령 사회'에 진입할 것으로 예측했는데, 지금과 같은 추세라면 이 역시 몇 년은 당겨지지 않을까 합니다.

사회의 고령화만으로도 다양한 어려움이 닥쳐오겠지만, 이토록 빠른 속도로 진행되는 변화와 그에 적응해야만 하는 현실은 개개인의 고통을 더욱 가중하고 있을 겁니다. 수십 년 동안의 점진적인 변화를 통해 노인기 문제를 해결하는 방법을 본인과 가족이, 또 사회가 배울 수 있었던 여러 선진국과는 달리 우리는 배우거나 준비할 시간도 없이 고령 사회를 맞이하게 됐기 때문입니다. 이는 지난 세대만 해도 개별적 가족의 책임으로 여겨지던 노인 인구의 부양이 이제는 국가와 사회의 책임이라고 이야기하게 되는 배경이기도 할 것입니다.

한국에서의 치매 돌보기

국내에서도 2000년대 이후 고령화 사회와 치매에 대한 관심이 커지면서 제도적 준비가 진행되고 있습니다. 그 과정에서 사회 문화적으로 우리와 유사한 부분이 적지 않은 일본의 제도를 참고한 바도 있습니다. 『아버지, 롱 굿바이』에서 치매 아버지를 돌보는 과정은 한국 사회에서 볼 수 있는 과정과도 비슷한 부분이 많습니다.

치매의 진단과 치료는 일차적으로 의료기관에서 이루어집니다. 의사의 진찰과 면담, 인지 기능 검사, 필요에 따라 MRI 등 뇌영상 촬영 및 기본적인 의학적 검사들이 이루어지며 검사 결과에 따라 추가적인 검사를 진행하는 경우도 있습니다. 기본적인 치매의 진단 자체는 개인 정신건강의학과나 신경과의원에서도 가능하지만, 앞서 설명한 것처럼 원인의 감별과 치료 가능성 부분의 확인을 위해서는 종합병원 진료를 권유받는 경우도 많습니다. 그 후 필요한 처방이나 조치를 받고 정기적으로 내원하며 치매의 진행 상태를 모니터링하게 됩니다.

최근에는 서울에부터 시작해 시군구별로 치매지원센터가 설치되고 있습니다. 치매지원센터에서는 지역 주민을 위해 다양한 서비스를 제공하는데, 기본적인 기억력 테스트와 필요한 경우 정밀 인지 기능 검사를 받아볼 수 있습니다. 치매지원센터가 없는 경우에는 정신건강복지센터에서 기본적인 기억력 테스트를 제공하는 경우도 있습니다. 아직 의료기관 방문은 주저하게 되는 경우, 이런 공적인 보건 서비스를 이용해 의료기관 방문의 필요성을 점검해볼 수 있습니다. 또한 치매로 진단받은 뒤라면 환자에게 어떤 도움이 필요한지, 어떻게 돌봄 계획을 세워야 하는지 등에 대해서도 의료기관이나 치매지원센터에서의 상담을 통해 도움을 받을 수 있습니다.

이런 의학적인 조치를 넘어서 일상생활에서 어려움이 발생하고 가족이 간병에 어려움을 느끼게 되는 시점이 오면 불가피하게 장기요양 서비스를 찾게 됩니다. 이전에는 자식이 어떻게든 노부모를 부양하려 했지만 가족의 규모가 작아지면서 점차 요양 서비스 이용이 보편화되고 있습니다.

노인장기요양을 제공하는 방식은 국가에 따라 크게 조세부담 방식과 사회보험 방식으로 나뉩니다. 한국의 경우는 사회보험 방식에 일부 조세로 보조하는 형태입니다. 따라서 전 국민이 조금씩 다 함께 부담합니다. 월급에서 국민건강보험료가 공제되면서 일정 비율 노인장기요양보험료도 같이 공제되는 것을 볼 수 있을 텐데 바로 그 돈입니다.

이 재원을 이용해 '노인장기요양보험법'에 의거 국민건강
보험공단에서 관리하는 노인장기요양보험이 운영되고 있
습니다. 이를 통해 치매뿐 아니라 다양한 노인성질환에 대
해 장기요양 서비스를 제공하는 것이지요. 이 같은 노인장
기요양보험이 이 책에서 여러 번 언급되는 일본의 '개호보
험제도'에 해당합니다.

한국의 노인장기요양보험의 경우에도 노인성질환(치매,
뇌졸중, 파킨슨병 등)을 앓고 있으며 요양이 필요한 경우
에 국민건강보험공단에 신청하면 담당 직원이 가정을 방
문해 요양 필요도를 체크하고 의료기관 담당 의사의 소견
서를 받아 오도록 합니다. 그러면 국민건강보험공단 안에
설치된 위원회에서 1~3등급의 요양 등급을 정합니다(치매
의 경우에는 경도 치매를 지원하기 위한 4~5등급이 존재
합니다).

이렇게 받은 등급을 기준으로 이용할 수 있는 서비스는
크게 두 가지로 나뉩니다. 하나는 집에서 받을 수 있는 재
가급여 지원이고 다른 하나는 노인요양시설 입소를 지원
하는 시설급여입니다. 보통 1~2등급의 경우에는 재가급여
와 시설급여 중에서 선택해 지원을 받을 수 있으나 3등급

이하인 경우에는 가족의 수발이 곤란하거나 열악한 주거 환경 등의 특별한 사정이 있어야만 시설급여를 받을 수 있습니다.

재가급여 서비스는 보통 방문요양센터라고 불리는 장기요양기관과의 상담을 통해 진행됩니다. 방문요양, 주/야간보호, 방문목욕, 방문간호, 단기보호 등의 서비스가 있으며 등급에 따라 정해지는 84만 원(5등급)에서 125만 원(1등급) 사이의 월 한도 재가급여 지원 비용 내에서 서비스를 받을 수 있습니다(2017년 1월 기준). 가장 대표적인 것이 방문요양으로, 신청할 경우 하루 네 시간 이내에서 요양보호사가 집으로 방문하게 할 수 있습니다.

요양보호사는 개인위생, 식사, 용변, 운동 등 기본적인 간병에 더해서 취사나 청소, 세탁 등의 일상생활 지원, 외출 동행과 장보기 등 간단한 일상 업무 지원, 의사소통 도움과 정서적 지지 등의 폭넓은 지원을 제공합니다. 또한 치매 특별 등급인 5등급의 경우 인지 활동형 방문요양을 선택할 수 있는데, 이는 가사 지원을 하지 않는 대신 인지 자극 활동을 제공하는 형태의 간병 서비스입니다.

이 같은 방문요양 서비스는 상황에 따라 차이는 있지만

노인장기요양보험에서 비용의 85퍼센트를 지원하기 때문에 보통 월 10만~15만 원 안팎의 본인부담금을 납부하면 주 5일 정도를 받을 수 있습니다.

주/야간보호는 말 그대로 보호자가 생업에 종사하는 등의 일정 시간 동안 시설에서 돌봄을 제공하고 집으로 돌려보내는 서비스입니다. 기본적인 간병과 수발에 더해 일상생활훈련, 물리치료 등의 프로그램을 진행하기도 합니다.

그 외에 보호자의 사정이 있는 경우 15일 이내의 기간 동안 장기요양기관에서 지낼 수 있도록 하는 단기보호, 간호사가 집으로 방문해 건강관리를 제공하는 방문간호, 목욕 차량을 이용한 방문목욕 등이 있으며 휠체어, 전동침대, 욕창 방지 매트리스 등의 용품을 제공하는 서비스도 있습니다.

시설급여에는 노인요양시설과 노인요양 공동생활가정 등이 있습니다. 여기에 해당하는 시설들은 보통 '양로원'으로 불리는 양로시설 등과는 다르게 노인성질환 등으로 인해 요양을 필요로 하는 분들을 위한 시설이기 때문에 노인주거복지시설과 구분해 노인의료복지시설이라고 부릅니다. 기본적인 의식주 제공 및 간병과 생활 보조뿐만 아니라 간호 서비스, 일상생활훈련이나 물리치료 등의 여러 가지 프로그램을 제공합니다.

이 두 가지 요양시설 모두 장기요양 기능 제공이 목적이므로 입소 기간이 제한되어 있지는 않습니다. 또한 입소 비용이 장기요양보험에서 지원되지만 20퍼센트의 법정 본인부담금과 시설별로 존재하는 비급여 본인부담 항목이 있어 어느 정도의 비용 부담은 있습니다.

노인요양시설은 법적으로 10인 이상이 입소하는 시설로 규정되는데, 노인성질환으로 일상생활이 어려운 노인들의 장기요양을 제공하는 목적으로 운영됩니다. 정원이 20~30인에서부터 많게는 100인 이상까지 다양한 규모의 시설이 존재합니다.

시설이 크면 아무래도 프로그램이나 부대시설 등이 다양하게 갖춰지는 경향은 있지만 시설별로 서비스 품질의 차이가 크기 때문에 신중히 살펴보고 선택해야 합니다. 또한 상주하는 간호사가 있어 기본적인 간호는 제공되지만 어디까지나 의료시설은 아니기 때문에 의학적 처치가 지속적으로 필요한 경우에는 입소하기가 어려운 것도 사실입니다.

의학적인 처치가 계속 필요해 요양원은 이용하지 못하지만 종합병원 등에서 집중적으로 치료해야 하는 상황은 아닌 경우, 국내에서는 노인요양병원을 이용할 수 있습니다. 다만 노인요양병원은 국민건강보험으로 운영되기 때문에 노인장기요양보험의 혜택은 받지 못한다는 차이가 있습니다.

노인요양 공동생활가정의 경우 5~9인 정도의 정원으로 장기요양이 필요한 노인을 돌보는 시설입니다. 큰 건물보다는 가정집 같은 형태로 운영되는 경우가 많고 규모가 작아 좀 더 가정적인 환경이라는 장점이 있지만 작은 시설이기에 운영상의 어려움 등 한계가 있는 경우도 있습니다. 시설에 모시게 되는 가족의 성향과 제반 환경을 고려해 두 종류의 시설 중 어느 쪽이 좋을지 상담해보고 결정하는 게 좋습니다.

2016년 기준으로 이러한 두 가지 시설의 총정원은 15만여 명 정도입니다. 우리나라는 아직 일본처럼 노인요양시설의 대기자가 수십만 명에 이를 정도는 아니지만 국공립 요양시설 등을 중심으로 서비스 품질이 높은 곳은 수백 명의 대기자가 있는 경우도 볼 수 있습니다. 그러므로 운영

현황, 서비스의 질, 평판, 비용 등을 신중히 검토할 필요가 있습니다.

노인장기요양병원 홈페이지에서 제공하는 장기요양기관 검색을 통해 시설별 정원, 대기자 수, 평가 결과 등을 확인할 수 있으며 이를 통해 대략적인 운영 현황을 가늠해볼 수 있습니다. 또한 운영 주체, 위치한 곳의 주변 환경, 집과의 거리 등 세세한 부분들까지 다양한 면을 꼼꼼히 고려해야 합니다.

이러한 돌봄의 제도들을 만들어나가는 것은 국가의 중요한 책무입니다. 하지만 '희망원'의 지원상담원인 가키누마 씨가 상냥하지만 엄중한 목소리로 저자에게 몇 년 후를 내다보고 돌봄의 계획을 세워나가도록 촉구하는 것처럼 앞으로 자신의 가족을 어떻게 돌볼 것인지를 계획하는 것은 궁극적으로는 본인, 그리고 가족의 역할입니다.

무엇보다도 본인의 희망을 생각해야 할 겁니다. 이미 인지 기능 장애가 진행되기 시작한 다음에는 본인의 희망을 정리하기가 어려울 수 있습니다. 국내에서는 아직 연명의료에 관련된 사회적 합의나 법적 요건 등이 정비되지 않은 상태이며 특히 완화의료에서의 사전의료지시서 등의 작성도 활성화되지 않았습니다. 그러나 비공식적이더라도 치매의 초기 단계에서 자신의 돌봄 계획을 가족과 함께 검토해 두는 것은 좋은 방법입니다. 예를 들어 식사를 하지 못하는 상태가 되면 어떤 방법을 취할 것인지, 어떤 요양기관을 선택할 것인지, 중요한 의사 결정은 누가 주도할 것인지 등입니다.

또한 자신의 가족이 현실적으로 어디까지 도울 수 있는지도 생각해봐야 합니다. 장기간의 투병생활에서 보호자의 부담은 경제적인 면뿐만 아니라 정서적인 면에서도 때로 감당할 수 없을 정도로 과중해지기도 합니다. 간병의 과정에서 가족이 힘들고 지쳐 결국 나쁜 추억만을 남기게 되는 것보다는 여러 제도와 지원 정책을 잘 이용해 현실적이고 지속 가능한 계획을 마련해야 합니다. 남의 시선을 의식하기 보다는 당사자와 가족이 무엇을 원하는지를 살피고, 어떻게 하면 그 과정을 함께 해나갈 수 있을지를 잘 고민해야 합니다.

그러한 고민의 시간을 통해 함께 이야기하고 교감을 나눠야만 본인과 가족 모두의 고통을 줄일 수 있을 것입니다. 그리고 그것이 치매와 간병이라는, 이 헤어짐의 과정을 상처와 고통이 아닌 서로에게 의미 있는 애도의 시간으로 만들어줄 수 있을 것입니다.

제도를 만들고 공적 부조를 준비하는 것은 매우 중요한 일입니다. 하지만 이런 시스템과 재정적 문제가 아무리 잘 준비된다 하더라도 인생의 황혼을 맞는 본인과 그 가족이 그때의 새로운 삶의 과제를 받아들이고 헤쳐나가는 데는 준비가 필요합니다. 인생을 마무리해가는 단계가 본인과 그 가족에게 무의미한 것이 되지 않아야 하는데, 많은 고민과 노력 없이는 너무 쉽게 무의미해지곤 합니다.

피하기 어려운 삶의 고통을 이해하고 의미를 부여하는 데는 개인과 사회의 누적된 경험과 지혜가 필요합니다. 그런 의미에서 감추고 싶을 수도 있는 아버지의 치매와 동생의 정신질환을 이야기하고 이를 겪어나가는 자신의 마음을 솔직하게 고백한 모리타 류지의 용기가 담긴 이 책이 비슷한 상황에 봉착한 많은 이들에게 이정표가 되어줄 수 있지 않을까 생각해봅니다.

옮긴이의 말

어머니, 아버지, 동생, 부인 그리고 심지어 자기 자신까지, 소설가 모리타 류지는 연이어 가족을 덮친 병마와 싸워야 했습니다. 그중에서도 치매가 진행되는 아버지를 돌보기란 결코 쉬운 일이 아니었습니다. 이 책은 십 년 동안 가족의 투병생활을 지켜보고 간병하면서 겪은 일들을 담담하게 풀어낸 그의 간병 일기입니다. 책의 처음과 끝에서 언급하고 있는 것처럼, 저자는 자신의 개인적인 경험이 다른 사람들에게 하나의 참고가 되기를 바라는 마음에서 자신의 이야기를 세상에 내놓았습니다. 길고 험난한 간병을 시작하는 사람들을 위해서, 체험을 통해 얻은 병원(시설)과 사회복지제도에 대한 정보를 전달하고, 동시에 아픈 가족을 보면서 느낀 안타까움과 슬픔, 그리고 간병 스트레스 등의 심적인 고통을 과장이나 미화 없이 담백하게 적었습니다. 그래서인지 마치 한편의 다큐멘터리를 보는 듯한 느낌을 주기도 합니다. 저자의 체험이 녹아 있는 진솔한 내용을 통해서 정보는 물론이고 공감과 위로를 얻을 수 있다는 점이야말로 그의 이야기가 우리에게도 귀중한 참고가 될 수 있는 이유일 것입니다.

한국도 이미 고령 사회로 접어들었습니다. 치매와 같은 노인질환과 이를 돌보는 간병은 더 이상 남의 이야기가 아닙니다. 물론 한국과 일본은 서로 다른 복지제도와 가족문화를 가지고 있습니다. 특히 가족문화는 차이점이 두드러집니다. 두 나라가 이상적으로 생각하는 감정의 표현 방식이나 인간관계가 다르기 때문으로, 이상적인 가족관계에 대한 생각 역시 어느 정도 차이를 보이는 것입니다.

한국 사람들은 '효'를 중시하고 '정情'을 바탕으로 인간관계를 맺습니다. 싫은 사람도 함께 지내다 보면 미운 정이 들고, 그런 사람과 헤어질 때마저도 시원섭섭하다고 표현하기도 합니다. 가까운 사이에는 스스럼없이 친밀감을 표현하고, 감정을 공유하는 것을 당연하게 여깁니다. 그에 비해 일본 사람들은 감정 표현을 자제해서 상대에게 부담을 주지 않는 것을 예의라고 생각합니다. 나를 위해 거리를 두는 것이 아니라 상대를 배려하는 마음에서 거리를 두는 것입니다.

어느 날, 도쿄에 있는 일본인 친구 A가 어머니가 집에 놀러와 같이 한 이불을 덮고 잤다는 이야기를 한 적이 있었습니다. 그 이야기를 들은 다른 일본인 친구 B는 징그럽다고 소리를 질렀습니다. 친한 친구들이었기 때문에 가능한 대화였습니다. 제가 이 짧은 대화를 십 년이 지난 지금까지도 선명하게 기억하고 있는 이유는 어머니와 딸이 한 이불을 덮고 자는 것을 징그럽다고 말한 것에 충격을 받았기 때문이 아니라, 그런 반응을 보인 친구 B가 제가 아는 사람들 중 누구보다도 어머니와의 사이가 다정한 사람이었기 때문입니다. 그런 B가 "그래도 난 굳이 마마랑 한 이불을 덮고 자고 싶지는 않아"라고 아무렇지 않게 말하는 것을 보면서 저는 한국과 일본의 문화적 차이를 실감했습니다.

이처럼 일본에서는 물리적으로나 정신적으로나 가족과도 적정 거리를 유지하는 경우가 많기 때문에, 정이 없고 차갑다는 인상을 불러일으키기도 합니다. 게다가 최근 자주 들려오는 일본의 고독사나 간병 스트레스와 관련된 뉴스는 그런 인상을 더욱 강하게 만들고 있습니다. 핵가족 시대가 되고 맞벌이가 급증하면서 한국에서도 전문 요양시설에 부모님을 모시는 자식들이 늘고 있지만 이들을 바라보는 시선이 곱지만은 않은 것이 현실입니다. 그런데 사실 이러한 상황은 일본도 크게 다르지 않습니다. 저자가 아버지를 간병시설에 보내면서 겪었던 심적 갈등을 고백한 것처럼, 많은 일본 사람들도 가능하면 부모님을 직접 돌보고 싶어 합니다. 감정을 표현하는 방식은 다르지만, 부모님과 가족을 생각하는 마음은 비슷할 것입니다.

우리가 대중매체를 통해 접하는 일본은 주로 도쿄를 비롯한 대도시의 풍경입니다. 드라마 「심야식당」이나 「고독한 미식가」에 등장하는, '혼밥'과 '혼술'을 즐기는 1인 가구의 삶이 일본을 대표하고 있습니다. 그러나 도심을 조금만 벗어나면 삼대가 함께 생활하는 가족을 쉽게 만날 수 있고, 도쿄 한복판에서도 대를 이어 함께 가업을 꾸려가는 가족을 어렵지 않게 볼 수 있습니다.

모리타 류지의 간병일기는 지극히 개인적이고 또 일본적인 기록입니다. 그러나 우리의 공감을 이끌어내기에는 충분합니다. 그 이유는 한밤중에 문을 여는 식당을 찾는 전형적인 일본 소시민들의 이야기를 다룬 드라마 「심야식당」에 나오는 음식이 우리에게는 다소 낯선 것들이지만, 그 음식에 담긴 가족이나 친구들과의 추억에는 공감하고 감동할 수 있는 이유와 같을 것입니다. 글에서 느껴지듯 모리타 류지는 감정 표현에 인색한 오십대 남성입니다. 아버지의 식사로 편의점 도시락을 건네고는 그대로 돌아가버리고, 고집을 부리는 아버지에게 때때로 목소리를 높이며 화를 내기도 합니다. 하지만 생업과 간병 사이에서 죄책감을 느끼며 괴로워하고, 주말이면 아버지를 찾아가 속옷 빨래를 합니다. 우리는 그런 그의 모습에서 문화, 성별, 연령을 넘어서는 어떤 공통점을 발견할 수 있습니다.

이 책은 가족의 간병이란 어떤 것인지, 간병 스트레스와 싸우며 부모님의 죽음을 마주하는 심정이란 어떤 것일지를 생각하게 합니다. 이 솔직한 기록이 한국의 독자들에게도 큰 위로와 도움이 될 수 있기를 바랍니다.

아버지, 롱 굿바이

알츠하이머 치매 아버지를 돌보며 쓴 십 년의 간병 일기

1판 1쇄 펴냄 | 2017년 11월 13일

지은이 | 모리타 류지
옮긴이 | 김영주
발행인 | 김병준
편집장 | 김진형
편　집 | 한의영
디자인 | 김은영·이순연
발행처 | 생각의힘

등록 | 2011. 10. 27. 제406-2011-000127호
주소 | 경기도 파주시 회동길 37-42 파주출판도시
전화 | 031-955-1318(편집), 031-955-1321(영업)
팩스 | 031-955-1322
전자우편 | tpbook1@tpbook.co.kr
홈페이지 | www.tpbook.co.kr

ISBN 979-11-85585-45-1 03300

이 도서의 국립중앙도서관 출판시도서목록(CIP)은
서지정보유통지원시스템 홈페이지(http://seoji.nl.go.kr)와
국가자료공동목록시스템(http://www.nl.go.kr/kolisnet)에서
이용하실 수 있습니다.(CIP제어번호: CIP 2017027689)